中国电子信息工程科技发展研究

计算机应用专题

中国信息与电子工程科技发展战略研究中心

科学出版社

北　京

内 容 简 介

当前，信息技术创新日新月异，伴随着以数字化、网络化、智能化为特征的信息化浪潮蓬勃兴起，世界各国积极推动计算机应用技术、产业与实体经济交叉融合，新业态、新领域、新场景不断涌现。我国高度重视计算机应用发展，大数据、人工智能、云计算、5G 等快速发展的新一代信息技术与国民经济、国计民生及国家安全等领域深度融合，推动了各领域数字化转型与智能化升级及其相关新兴数字产业的快速发展。本书在分析计算机应用全球发展态势的基础上，对我国计算机应用发展现状进行了深度总结，重点研究了智能制造、数字抗疫、智慧远程医疗、智慧教育、智慧农业与数字乡村、电子商务等六个领域的技术热点和亮点，并提出了相关发展建议，旨在为我国计算机应用的技术、产业与应用场景的发展提供支撑。

图书在版编目（CIP）数据

中国电子信息工程科技发展研究. 计算机应用专题/中国信息与电子工程科技发展战略研究中心编著. —北京：科学出版社，2022.9
ISBN 978-7-03-073070-1

Ⅰ.①中… Ⅱ.①中… Ⅲ.①电子信息-信息工程-科技发展-研究-中国②电子计算机-科技发展-研究-中国 Ⅳ.①G203②TP3

中国版本图书馆 CIP 数据核字（2022）第 162103 号

责任编辑：王　哲 / 责任校对：胡小洁
责任印制：吴兆东 / 封面设计：迷底书装

科学出版社 出版
北京东黄城根北街 16 号
邮政编码：100717
http://www.sciencep.com
北京虎彩文化传播有限公司 印刷
科学出版社发行　各地新华书店经销
*

2022 年 9 月第　一　版　　开本：890×1240 1/32
2022 年 9 月第一次印刷　　印张：5
字数：118 000

定价：88.00 元
（如有印装质量问题，我社负责调换）

《中国电子信息工程科技发展研究》工作组

组　长：
　　　余少华　陆　军
副组长：
　　　安　达　党梅梅　曾倬颖

国家高端智库

中国信息与电子工程科技发展战略研究中心
CHINA ELECTRONICS AND INFORMATION STRATEGIES

中国信息与电子工程科技
发展战略研究中心简介

中国工程院是中国工程科学技术界的最高荣誉性、咨询性学术机构，是首批国家高端智库试点建设单位，致力于研究国家经济社会发展和工程科技发展中的重大战略问题，建设在工程科技领域对国家战略决策具有重要影响力的科技智库。当今世界，以数字化、网络化、智能化为特征的信息化浪潮方兴未艾，信息技术日新月异，全面融入社会生产生活，深刻改变着全球经济格局、政治格局、安全格局，信息与电子工程科技已成为全球创新最活跃、应用最广泛、辐射带动作用最大的科技领域之一。为做好电子信息领域工程科技类发展战略研究工作，创新体制机制，整合优势资源，中国工程院、中央网信办、工业和信息化部、中国电子科技集团加强合作，于 2015 年 11月联合成立了中国信息与电子工程科技发展战略研究中心。

中国信息与电子工程科技发展战略研究中心秉持高层次、开放式、前瞻性的发展导向，围绕电子信息工程科技发展中的全局性、综合性、战略性重要热点课题开展理论研究、应用研究与政策咨询工作，充分发挥中国工程院院士，国家部委、企事业单位和大学院所中各层面专家学者的智力优势，努力在信息与电子工程科技领域建设一流的战略思想库，为国家有关决策提供科学、前瞻和及时的建议。

《中国电子信息工程科技发展研究》
编写说明

　　当今世界，以数字化、网络化、智能化为特征的信息化浪潮方兴未艾，信息技术日新月异，全面融入社会经济生活，深刻改变着全球经济格局、政治格局、安全格局。电子信息工程科技作为全球创新最活跃、应用最广泛、辐射带动作用最大的科技领域之一，不仅是全球技术创新的竞争高地，也是世界各主要国家推动经济发展、谋求国家竞争优势的重要战略方向。电子信息工程科技是典型的"使能技术"，几乎是所有其他领域技术发展的重要支撑，电子信息工程科技与生物技术、新能源技术、新材料技术等交叉融合，有望引发新一轮科技革命和产业变革，给人类社会发展带来新的机遇。电子信息工程科技作为最直接、最现实的工具之一，直接将科学发现、技术创新与产业发展紧密结合，极大地加速了科学技术发展的进程，成为改变世界的重要力量。电子信息工程科技也是新中国成立 70 年来特别是改革开放 40 年来，中国经济社会快速发展的重要驱动力。在可预见的未来，电子信息工程科技的进步和创新仍将是推动人类社会发展的最重要的引擎之一。

　　把握世界科技发展大势，围绕科技创新发展全局和长远问题，及时为国家决策提供科学、前瞻性建议，履行好国家高端智库职能，是中国工程院的一项重要任务。为此，中国工程院信息与电子工程学部决定组织编撰《中国电子信息工程科技发展研究》(以下简称"蓝皮书")。2018 年9 月至今，编撰工作由余少华、陆军院士负责。"蓝皮书"分综合篇和专题篇，分期出版。学部组织院士并动员各方面专家300 余人参与编撰工作。"蓝皮书"编撰宗旨是：分析研究电子信息领域年度科技发展情况，综合阐述国内外年度电子信息领域重要突破及标志性成果，为我国科技人员准确把握电子信息领域发展趋势提供参考，为我国制定电子信息科技发展战略提供支撑。

"蓝皮书"编撰指导原则如下：

(1) 写好年度增量。电子信息工程科技涉及范围宽、发展速度快，综合篇立足"写好年度增量"，即写好新进展、新特点、新挑战和新趋势。

(2) 精选热点亮点。我国科技发展水平正处于"跟跑""并跑""领跑"的三"跑"并存阶段。专题篇力求反映我国该领域发展特点，不片面求全，把关注重点放在发展中的"热点"和"亮点"问题。

(3) 综合与专题结合。"蓝皮书"分"综合"和"专题"两部分。综合部分较宏观地介绍电子信息科技相关领域全球发展态势、我国发展现状和未来展望；专题部分则分别介绍13 个子领域的热点亮点方向。

5 大类和13 个子领域如图 1 所示。13 个子领域的颗粒度不尽相同，但各子领域的技术点相关性强，也能较好地与学部专业分组对应。

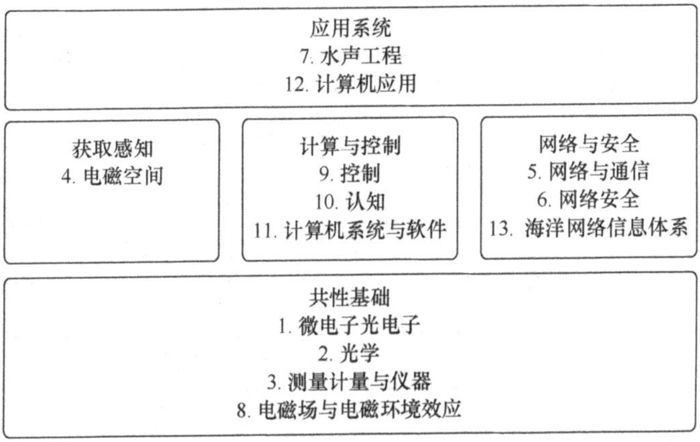

```
┌─────────────────────────────────────────────────────┐
│                      应用系统                          │
│                    7. 水声工程                         │
│                    12. 计算机应用                      │
└─────────────────────────────────────────────────────┘

┌──────────────┐  ┌──────────────────┐  ┌──────────────────────┐
│   获取感知    │  │    计算与控制      │  │     网络与安全         │
│  4. 电磁空间  │  │    9. 控制        │  │   5. 网络与通信        │
│              │  │    10. 认知       │  │   6. 网络安全          │
│              │  │ 11. 计算机系统与软件│  │  13. 海洋网络信息体系   │
└──────────────┘  └──────────────────┘  └──────────────────────┘

┌─────────────────────────────────────────────────────┐
│                      共性基础                          │
│                 1. 微电子光电子                        │
│                    2. 光学                            │
│                 3. 测量计量与仪器                      │
│              8. 电磁场与电磁环境效应                    │
└─────────────────────────────────────────────────────┘
```

图 1 子领域归类图

前期,"蓝皮书"已经出版了综合篇、系列专题和英文专题,见表1。

表 1 "蓝皮书"整体情况汇总

序号	年份	中国电子信息工程科技发展研究——专题名称
1		5G 发展基本情况综述
2		下一代互联网 IPv6 专题
3		工业互联网专题
4		集成电路产业专题
5	2019	深度学习专题
6		未来网络专题
7		集成电路芯片制造工艺专题
8		信息光电子专题
9		可见光通信专题
10	大本子	中国电子信息工程科技发展研究（综合篇 2018—2019）

续表

序号	年份	中国电子信息工程科技发展研究——专题名称
11	2020	区块链技术发展专题
12		虚拟现实和增强现实专题
13		互联网关键设备核心技术专题
14		机器人专题
15		网络安全态势感知专题
16		自然语言处理专题
17	2021	卫星通信网络技术发展专题
18		图形处理器及产业应用专题
19	大本子	中国电子信息工程科技发展研究（综合篇 2020—2021）
20	2022	量子器件及其物理基础专题
21		微电子光电子专题*
22		测量计量与仪器专题*
23		网络与通信专题*
24		网络安全专题*
25		电磁场与电磁环境效应专题*
26		控制专题*
27		认知专题*
28		计算机应用专题*
29		海洋网络信息体系专题*
30		智能计算专题*

* 近期出版。

从 2019 年开始，先后发布《电子信息工程科技发展十四大趋势》和《电子信息工程科技十三大挑战》（2019 年、2020 年、2021 年、2022 年）4 次。科学出版社与 Springer 出版社合作出版了 5 个专题，见表 2。

表2 英文专题汇总

序号	英文专题名称
1	Network and Communication
2	Development of Deep Learning Technologies
3	Industrial Internet
4	The Development of Natural Language Processing
5	The Development of Block Chain Technology

相关工作仍在尝试阶段，难免出现一些疏漏，敬请批评指正。

中国信息与电子工程科技发展战略研究中心

前　言

　　本专题主要研究计算机技术与国计民生、国民经济、国家安全等应用领域深度融合的技术、产业和应用范例。

　　计算机应用的发展引发了人类社会发展的巨大变革，推动了社会信息化发展的进程。当前，以信息化广泛应用为引领，计算机应用与经济社会发展深入融合，带动着智能制造、智慧教育、电子商务等产业快速发展。

　　从全球发展来看，以人工智能(Artificial Intelligence，AI)、大数据(Big Data)、虚拟现实(Virtual Reality，VR)、数联网、人机融合等技术为标志的新一代计算机应用技术迅速发展，推动实体经济与虚拟经济、生产制造与服务、硬件与软件等的深度融合，智能制造、智慧农业与数字乡村、智慧远程医疗、电子商务等产业热点不断涌现。当前，新冠肺炎疫情的蔓延深刻地影响着实体经济的健康发展，在线化、数字化和智能化成为抵挡疫情风险的重要手段，直接或间接地刺激了数字抗疫、智慧教育等领域的发展。计算机应用领域的整体架构如图 1 所示。

　　从我国发展来看，网民数量、网络零售交易额、电子信息产品制造已位居世界第一，制造业数字化转型全面提速，数字乡村应用快速普及，数字经济快速发展。在我国顶层规划与政策驱动下，在典型应用场景的需求牵引下，以自动驾驶、数联网、人机融合等为代表的计算机应用技术快速发展，推动智能制造、数字抗疫、智慧远程医疗、智慧教育、智慧农业与数字乡村、电子商务等产业成为发展热点，并呈现新的发展特点与趋势，如表1所示。

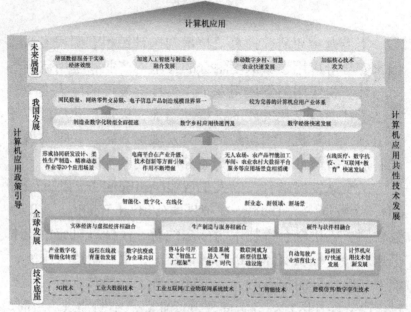

图1 计算机应用领域的整体架构

表1 计算机应用领域核心内容概述

热点方向	产业与技术进展亮点	发展趋势预测
智能制造	•取得多项重大突破 •产业结构升级加快 •数字化转型全面提速 •产业布局不断优化 •企业实力显著增强 •信息通信业实现新跨越	•智能制造系统将持续深入演进和发展 •通用、开放、智能、自主可控的工业操作系统/平台将成为内核 •产业数字化转型和智能化升级是重要方向 •国家主导的基础建设和产业布局将是重要保障

热点方向	产业与技术进展亮点	发展趋势预测
数字抗疫	• 全国分级分类管控效率提高 • 应用不断融合丰富 • 冬奥会"数智防线"展现"中国智慧" • 国际客货便捷流通新模式出现 • 防疫决策效率与准确性提升 • 技术应用中的隐私安全问题得到解决	• 数据安全与隐私保护体系将进一步完善 • 公共卫生信息化产业将进入高速发展期 • 社会治理效益将进一步释放 • 更加高效的人员流动管理技术与应用将成为迫切需求
智慧远程医疗	• 进入极速发展时代 • 优质医疗资源下沉基层 • 公共卫生服务新手段创新不断 • 医疗服务模式重塑 • 产业链得到延展	• 创新成果将成为智慧远程医疗的关键支撑 • 医工融合智能医疗的研究将深化，成果将加速普及 • 区域化、城市级智慧远程医疗模式将出现 • 慢病管理相关的设备和平台迎来历史性机遇
智慧教育	• 实现大规模教学资源的整合与共享 • 大规模在线学习过程得到优化 • 大数据相关技术成为新型育人体系的支撑技术 • 新型教学形态与环境快速发展	• 智慧教育将进入融合创新发展阶段 • 教育将向智能化加速跃升 • 教育与人工智能、云计算等技术的融合将进一步加深 • 教育进入智慧化发展快车道
电子商务	• 国内国际双循环新发展格局出现 • 农村电商市场提质扩容 • 大数据治理突破万亿级 • 大数据与智能推荐算法协助实现精准服务 • 新一代信息技术助力服务水平进一步提高	• AI与数字化技术的深度融合，将助力供应链效率提升 • 大数据融合与汇聚技术将进一步助力产业数字化转型 • 3D建模与扩展现实技术相结合，电商商品展示方式将迎来革命性变革 • 拟人化人机交互技术将推动"数字人客服"体验升级 • 联邦学习等隐私安全技术将促成电商数据价值的跨平台流通和深度挖掘

续表

热点方向	产业与技术进展亮点	发展趋势预测
智慧农业与数字乡村	•应用场景涌现 •农业传感技术成为无人农场的"电五官" •农业物联网应用体系成为无人农场的"神经网络" •农业迈向无人化/少人化 •农业生产管理决策更加精准、高效、智能	•大数据渗透到农业农村建设各领域 •无人化应用场景将覆盖农业全产业链 •农机智能装备技术将成为农业数字经济增长的引擎
自动驾驶	•有望成为我国汽车产业发展的新动能和新增长点 •政策、法律法规和标准逐步制定与完善 •产业生态逐渐繁荣，商业化探索进入新阶段	•车路协同将成为中国顶层设计实践的技术路线 •"双碳目标"将引导自动驾驶出行即服务平台的落地 •自动驾驶商业化落地将提升城市智能交通管理能力 •智能交通运营商将成为智能交通产业链的重要推动者
数联网	•国内外均已开展相关技术的探索和应用实践 •正成为数字化、智能化时代的新型信息基础设施 •已开展全球性、行业性、规模化应用实践	•将形成一套完整的数联网基础软件理论、系统软件架构和关键技术体系 •将在不同的行业和区域开展基础设施建设 •技术标准制定和基础软件开源将成为生态建设的制高点
人机融合	•开始在多领域应用 •脑机接口技术的发展突破了传统的单项交互模式	•将拓宽人类的身体能力范围和认知边界 •将拓展人机融合智能的深度与广度 •自主系统将为人机融合系统带来新契机 •仍存在伦理、人为操纵与虚假信息等亟待解决的问题

　　来自中国人民解放军 93216 部队、中国航天科工集团有限公司、中电科发展战略中心、中国航天科工集团航天云网公司、中国航天科工集团第二研究院、浙江数字医疗卫生技术研究院、百度集团、京东集团、沈阳东软智能医疗科技研究院有限公司、北京大数据先进技术研究院、西安交通大学、北京理工大学、北京邮电大学、中国人民解放军 93221 部队等 14 家单位的专家参与了本次研究工作，在此一并表示感谢。

2022 年 7 月 1 日

专家组名单

姓名	工作单位	职务/职称
费爱国	中国人民解放军 93216 部队	院士
李伯虎	中国航天科工集团有限公司	院士
李兰娟	浙江大学医学院附属第一医院	院士
赵春江	北京市农业信息化技术研究中心	院士
张洪天	中电科发展战略中心	副主任/高工
王海峰	百度集团	首席技术官
张 霞	沈阳东软智能医疗科技研究院有限公司	首席知识官
何晓冬	京东集团	副总裁
陈尚义	百度集团	理事长
吴友政	京东集团	高级技术总监
郑庆华	西安交通大学	常务副校长/教授
王庆国	中国航天科工集团第二研究院	主任/研究员
黄 罡	北京大数据先进技术研究院	副院长/教授
刘 驰	北京理工大学	副院长/教授
刘 伟	北京邮电大学	教授
张陆游	中国人民解放军 93216 部队	副研究员

注：排名不分先后

撰写组名单

姓名	工作单位	职务/职称
刘 阳	中国航天科工集团航天云网公司	高工
王庆国	中国航天科工集团第二研究院	主任/研究员
谢永江	北京邮电大学	副院长/副教授
李莹莹	浙江数字医疗卫生技术研究院	高工
张建楠	浙江数字医疗卫生技术研究院	高工
周佳卉	浙江数字医疗卫生技术研究院	高工
李 瑾	国家农业信息化工程技术研究中心	研究员
杨信廷	国家农业信息化工程技术研究中心	研究员
赵 楠	京东集团	技术总监
孙 路	京东集团	合作总监
程万军	沈阳东软智能医疗科技研究院有限公司	高工
蒋晓琳	百度集团	高级技术顾问
张 昇	百度集团	战略运营高级总监
詹秀秀	百度集团	商业分析师
张小飞	百度集团	高级技术顾问
刘 均	西安交通大学	教授
田 锋	西安交通大学	教授
张未展	西安交通大学	教授

续表

姓名	工作单位	职务/职称
魏笔凡	西安交通大学	研究员
董 博	西安交通大学	高工
李国政	北京理工大学	副研究员
赵健鑫	北京理工大学	副教授
姜海鸥	北京大数据先进技术研究院	助理研究员
臧雪静	中国航天科工集团第二研究院	工程师
秦宪刚	北京邮电大学	讲师
邢 飞	中国人民解放军 93221 部队	助理研究员

注：排名不分先后

目　　录

《中国电子信息工程科技发展研究》编写说明

前言

第1章　全球发展态势················1

1.1　计算机应用深度融入产业发展，助力产业向
智能化转型 ················1

1.2　在线化和数字化成为各类实体抵御疫情风险
的重要手段 ················3

1.3　计算机应用多点开花，催生新业态、新领域、
新场景 ················5

1.4　计算机应用创新技术持续涌现，世界各国争
夺科技发展制高点 ················6

第2章　我国发展现状················9

2.1　"数字中国"战略稳步实施，实体经济加快
数字化转型 ················9

2.2　计算机应用助力互联网加速普及，数字乡村
蓬勃发展 ················11

2.3　数字抗疫助力防控能力提升，智慧教育快速
发展 ················12

2.4　计算机应用技术持续创新发展，多项技术实
现突破 ················13

第3章　我国未来展望················15

3.1　发展方向研判 ·· 15

3.2　建议举措 ·· 17

第4章　我国热点亮点 ·· 20

4.1　智能制造 ·· 20

　4.1.1　产业与技术进展 ······························· 20

　4.1.2　趋势预测 ······································· 25

4.2　数字抗疫 ·· 29

　4.2.1　产业与技术进展 ······························· 29

　4.2.2　趋势预测 ······································· 38

4.3　智慧远程医疗 ·· 40

　4.3.1　产业与技术进展 ······························· 40

　4.3.2　趋势预测 ······································· 47

4.4　智慧教育 ·· 52

　4.4.1　技术进展 ······································· 52

　4.4.2　产业进展 ······································· 57

　4.4.3　趋势预测 ······································· 61

4.5　电子商务 ·· 63

　4.5.1　产业与技术进展 ······························· 63

　4.5.2　趋势预测 ······································· 67

4.6　智慧农业与数字乡村 ·································· 71

　4.6.1　产业与技术进展 ······························· 71

　4.6.2　趋势预测 ······································· 77

4.7　自动驾驶 ·· 80

　4.7.1　产业与技术进展 ······························· 80

　4.7.2　趋势预测 ······································· 89

4.8　数联网 ·· 92

　4.8.1　产业与技术进展 ······························· 92

　　　　4.8.2　趋势预测 ·· 100
　　4.9　人机融合 ··· 103
　　　　4.9.1　产业与技术进展 ······························· 103
　　　　4.9.2　趋势预测 ··110
第 5 章　年度热词 ··114
第 6 章　领域指标 ··118
参考文献 ···120

第1章 全球发展态势

信息技术推动全球经济发展进入新时期，计算机应用成为经济发展模式变革的主导力量。世界各国为促进计算机应用产业与技术的快速发展，推行了一系列政策与措施。

1.1 计算机应用深度融入产业发展，助力产业向智能化转型

一是产业数字化、智能化转型已成为世界各国战略规划的重点内容。美国先后出台了《美国数字经济议程》《国家人工智能研究发展战略计划》《美国先进制造业领导力战略》等战略规划，积极推动产业数字化转型。欧盟启动《2030 数字指南针：欧洲数字十年之路》发展规划，明确提出到 2030 年实现 90%以上的中小企业达到数字化初级水平等目标。德国相继出台《德国 2020 高技术战略》《数字化战略 2025》《人工智能德国制造》等战略规划，以期打造制造业先发优势，进一步推动数字经济的蓬勃发展。韩国出台《基于数字的产业创新发展战略》，期望通过数字创新晋升世界产业强国之列。

二是新兴网络信息技术与制造业融合不断加深，助力智能制造加速发展。近年来，飞速发展的 5G 技术、工业大数据技术、工业互联网/工业物联网系统技术、人工智能

技术、建模仿真/数字孪生(数字主线)等信息通信技术与制造科学技术的深度融合积极推动了工业制造领域的数字化、智能化转型升级。5G 技术以其高速率、低时延、大连接等特点赋能制造系统人—机—物的高速智能协同与控制;工业大数据技术以其能处理 4V 数据和多源数据综合集成的特点而赋能制造全系统及全生命周期数字化转型;工业物联网系统技术以其泛在连接、云化服务、知识转化等特点赋能制造系统全产业链、全价值链的云化服务;学习智能、跨媒体智能、人机融合智能、自主智能等新一代人工智能技术赋能制造系统进入"智能+"发展新阶段;通过数字孪生技术,贯通虚拟与现实世界,实现产品生产、管理、连接全生命周期的数字化。西门子公司基于工业互联网平台构建了完整的数字孪生解决方案体系,在医药和汽车制造领域成果显著。仿真巨头 Ansys 公司依托数字孪生技术实现对复杂产品对象的全生命周期建模,结合仿真分析,打通从产品设计研发到生产的数据流[1]。

　　三是全球自动驾驶政策持续完善,助推自动驾驶产业加速发展。计算机应用技术正在加速驱动汽车产业大变革,推动汽车的电动化、网联化和智能化融合发展。自动驾驶已成为展现国家技术实力、创新能力和产业配套水平的新名片,呈现出蓬勃发展的新格局,道路测试实现新的突破,应用场景日趋丰富,商业运营探索不断深入。美国、德国、日本、韩国等多个国家都在积极营造适应自动驾驶产业发展的政策法规监管环境,加大对自动驾驶产业的培育力度,以抢占科技创新和汽车产业变革的发展先机。2021 年 2 月,德国政府颁布了世界上首部关于自动驾驶的法案,L4 级自

动驾驶系统的商业化进程加速。2022 年 3 月，美国出台《无
人驾驶汽车乘客保护规定》，去除了全自动驾驶汽车必须配
备传统手动驾驶装置的要求。

四是部队加速推动数字化、智能化转型。美国国防部
(Department of Defense，DoD)大力推进数字工程战略，先后
在 2019 年、2020 年发布了《国防部数字现代化战略》《国
防部数据战略》白皮书。2021 年 10 月，美国陆军发布新
版数字化转型战略，旨在同步陆军的技术现代化工作并更
好地应对多域作战。美国国防部认为，随着物联网在人们
日常生活中的推广应用，应加紧军事物联网的建设，同时，
美国国防部也在积极探索实现战场各种传感器、武器系统
和 C2(指挥、控制)系统之间的数据交互方式[2]。

1.2　在线化和数字化成为各类实体抵御
疫情风险的重要手段

新冠肺炎疫情的蔓延严重影响了全球企业的正常运
营，致使供应链断裂、劳动力短缺等问题出现，深刻地影
响着实体经济的健康发展，在线化、数字化和智能化成为
全球企业抵挡疫情风险、实现转型升级的重要途径和手段，
以人工智能、工业大数据、工业物联网和数字孪生等为代
表的新兴信息通信技术在制造业中的应用持续增多，生产
制造柔性化、网络化、自动化和智能化特征愈加明显，推
动产业持续向前发展。

一是多国政府和国际组织部署远程在线教育。新冠肺
炎的传播导致全球 190 多个国家和地区的超过 91%的学生

停课。为尽快控制新冠肺炎的传播,多国纷纷从线下教育转向线上教育。在疫情仍存在的背景下,世界多国持续大力推动远程教育发展。法国已建成一套可同时容纳 600 万~700 万账户的覆盖小学至高中教育的远程教育平台。韩国实现线上视频教学、学生收看电视教育节目或观看教师授课录像等在线教育方式。

二是数字抗疫成为全球应对新冠肺炎疫情的共识。 数字抗疫成为 2021 年 11 月在中国乌镇举行的世界互联网大会首日的热门议题,与会各方基于近年来应对新冠肺炎的经验,达成普遍共识,对于类似新冠肺炎全球性扩散的国际性重大灾难,基于地理位置关系的区域性解决方案效果有限,全球各国应摒弃隔阂、通力协作,构建人类命运共同体。数字抗疫就是要充分利用信息化技术,发挥数字化的作用,通过更加及时的疫情数据收集、分析,实现更加精准的疫情监测、溯源、防控和救治。

三是数据技术创新应用加速,催生新型企业服务模式出现并快速发展。 为控制新冠肺炎的传播,世界各国纷纷严控入境人员,基于 VR 技术的虚拟服务模式应运而生。例如,日本推出员工"虚拟出差"服务,通过 VR 技术实现了远程产品细节展示和工厂环境检查,这一方面有利于降低员工感染病毒的风险,另一方面也有利降低企业的运营成本。此外,日本艾杰旭(AGC)公司已利用 VR 技术实现远程技术人员培训。

1.3　计算机应用多点开花，催生新业态、新领域、新场景

随着深度学习、人机交互等新兴融合性技术发展速度的提升，移动互联网、物联网、工业互联网等持续拓展产业边界，远程医疗、数联网、电子商务等新业态涌现。

在远程医疗方面，随着大数据和人工智能技术与医学科研及临床医疗领域的深度融合，5G、边缘计算、传感器与物联网、随车小型化医疗装备等也进一步赋能远程医疗，丰富远程医疗的应用场景，提升业务的智能化水平，优化人机协同效率。同时，远程医疗也逐步下沉到社区，走向家庭，许多网络化智能健康服务先后面世。例如，远程血压仪、远程心电仪和远程胎心仪等为广大居民提供了更为方便和贴心的医疗预防和监控服务，面向个人提供个性化服务的一面也已显现，远程医疗开始由诊疗为主向保健预防和疾病救治并重的阶段转变。

在数联网方面，数联网正在世界范围内发展成为大数据时代的一种新型信息基础设施，相关理念与技术已经成为各国数字化发展的战略焦点。在不可信、不可控的互联网之上，如何实现可信、可管、可控的数据互联互通和智能应用，是制约大数据及数字经济和数字社会产业链、价值链和生态系统的世界级难题，蕴含了变革性的技术和产业创新机遇。美国国防部 2020 年 10 月颁布《数据战略》，欧盟委员会从 2020 年发布《欧洲数据战略》到 2021 年通过《欧洲地平线数字空间工作框架》，均是在对数字化发展

进行布局。究其本质原因，是现有以机器和设备为中心的互联网协议栈及技术架构不再适用好用，亟须建立以数据为中心的数联网协议栈及技术架构，推动基于互联网的网络空间向基于数联网的数字空间的数字化转型。

1.4　计算机应用创新技术持续涌现，世界各国争夺科技发展制高点

计算机应用技术加速创新，促进了关键技术突破到产业应用周期的缩短，产业更新换代不断加快，产业融合加速推进。以区块链和量子信息技术等为代表的计算机应用创新技术不断出现。

区块链技术已成为全球技术发展的热点，世界各科技大国正在加紧布局。区块链技术作为全新的互联网数字技术，综合创新应用多中心点对点通信、加密算法、分布式存储和共识机制等多项关键技术，其具有"不可伪造、全程留痕、公开透明、可追溯"等特征，引起了世界范围内政府、企业和学术界的广泛关注。目前看，其应用前景较为可观，特别是在金融领域。截至 2020 年 9 月，全球共有 3709 家区块链企业，主要分布在中国和美国，其中位于中国的区块链企业约占 24%，美国的占比约为 27%①。围绕区块链布局，美国先后发布了《区块链：背景及政策问题》《区块链与政府应用适应性》《区块链技术概述》等文件；

---

① 数据来源：华经情报网，《2020 年全球区块链行业发展现状研究》，2021 年 3 月 2 日。

2021 年 12 月，中国国务院发布《"十四五"数字经济发展规划》，将区块链列为加快推动我国数字产业化的关键技术之一；2022 年 5 月，中国最高人民法院发布《关于加强区块链司法应用的意见》，提出了建成司法区块链联盟、建立人民法院区块链平台、运用区块链数据防篡改技术提升司法公信力、应用区块链优化业务流程提高司法效率、互通联动促进司法协同、服务经济社会治理六大方面内容。

量子信息技术成为大国重点关注和发展的战略技术。量子信息技术是未来信息技术发展的最重要方向之一，将可能实现相对更加安全的网络通信和远超出当前算力的超强计算机。近年来，世界各大国不断加大对量子技术的科研投入，加速推动量子科技产业发展，并为未来量子生态系统建立铺垫。2021 年 4 月，美国提出投入 1800 亿美元布局"未来技术和产业"，主要用于量子计算机等新型计算和先进半导体的设计和制造。2021 年 1 月，法国发布量子信息技术发展国家战略，计划未来在该领域投入 18 亿欧元，以期跻身领域国际领先行列。2021 年 3 月，欧盟委员会发布《2030 数字指南针》，提出到 2025 年，欧洲地区将拥有第一台具有量子加速功能的计算机。在世界各国加速布局量子信息技术背景下，量子技术实现快速发展。ICV 联合光子盒 2022 年 1 月发布的《2022 全球量子计算产业发展报告》显示：在连接程度方面，2021 年日本理化学研究所首次实现了三个量子比特的纠缠态；在测量和控制方面，可以测控 100+量子比特的测控系统发布。澳大利亚新南威尔士大学提出了百万级量子比特控制技术；在芯片制造方面，谷歌"悬铃木"量子芯片完成制造；在超导量子计算方面，2021 年 4 月，美国国家标准与技术研究院(National Institute of Standards and Technology，NIST)的物理学家使用光纤代替金属电线测量和控制了超导量子比特，有利于实现量子计算机的可扩展性。2021 年 9 月，日本情报通信研究机构(National Institute of Information and Communications Technology，NICT)开发出了一种全氮化物超导量子比特，其超导转变温度为 16K(–57℃)，比其他超导量子比特结构所需的温度高 15℃。2021 年 11 月，哥伦比亚大学工程学院 James 教授的实验室展示了一种由 2D 材料制成的超导量子比特电容器，其尺寸比传统方法生产的芯片小 1000 倍。

第2章　我国发展现状

2.1　"数字中国"战略稳步实施，实体经济加快数字化转型

"数字化"成为当今社会最先进的生产力之一。在全球产业从工业化向数字化转型升级的关键时期，我国明确提出"数字中国"战略。我国"十四五"期间将主要依托产业数字化和数字产业化实现经济和社会的持续、高质量发展，大力推动数字服务、数字贸易集群化发展，加快智慧城市建设和发展，目的是在着力提高城市整体运行效率的同时提升经济的活力。

在制造业转型方面，制造业数字化转型全面提速。当前，智能制造已成为我国制造业高质量发展的迫切需求和主攻方向。例如，"5G+工业互联网"已率先在电力、建材、钢铁、石油化工、电子设备等十大核心行业布局。制造企业依托数字平台快速营造新的消费场景，带动新兴产业的加速发展，借助数字化的产业链和供应链进行资源整合，形成产业链协同网络，实现产业链各环节之间的高效协作，推进产业链优化升级。特别是协同研发设计、全域物流监测、虚拟服务、数字工厂、产品质量检测等新场景、新模式、新业态蓬勃兴起，数字经济成为我国经济和社会持续、

平稳、健康发展的强劲动力源。互联网技术优势将行业分散的生产与服务资源统一组织调配，提高行业效率、合理资源分配、弱化企业边界、拓展行业服务。

在数字经济方面，电子商务成为推动数字经济发展的重要引擎。电子商务不断促进技术应用创新。随着数据的汇聚、分析挖掘与业务场景交融的不断深入，大数据分析挖掘、人工智能、虚拟现实等技术在电子商务领域的融合运用，推动电商企业进入数字化和智能化发展的新阶段。电商平台持续发挥自身在产业升级、技术创新中的引领作用，有序共享数据、技术、人才、渠道等平台资源，推动新思维、新技术与产业链有机结合。

在工业互联网方面，工业互联网正在向国民经济重点领域加速融合应用。2021 年我国工业互联网发展稳步推进，初步形成涵盖综合型、特色型、专业型的多层次工业互联网平台体系。截至 2022 年 4 月末，我国累计建成 5G 基站达 161.5 万个[①]。中国互联网络信息中心第 49 次《中国互联网发展状况统计报告》统计数据显示[②]，截至 2021 年 12 月，我国有全国影响力的工业互联网平台超过 150 个，接入设备总量超过 7600 万台(套)；全国在建"5G+工业互联网"项目超过 2000 个，工业互联网和 5G 在国民经济重点行业的融合创新应用不断加快[3]。

---

① 数据来源：中华人民共和国工业和信息化部，https://www.miit.gov.cn/gxsj/tjfx/txy/art/2022/art_29f8e02aad4b4c7fb175c1fd0507d058.html.

② 数据来源：中国互联网络信息中心，第 49 次《中国互联网络发展状况统计报告》。

2.2 计算机应用助力互联网加速普及，数字乡村蓬勃发展

在在线应用方面，线上实时通信等应用普及率进一步提高，在线办公、在线医疗等应用领域用户数量持续快速增长，特别是高龄人群入网数量增速明显。中国互联网络信息中心第 49 次《中国互联网发展状况统计报告》统计数据显示，截至 2021 年 12 月，我国网民在即时通信、网络视频、短视频等应用的使用率分别为 97.5%、94.5% 和 90.5%，用户规模分别高达 10.07 亿、9.75 亿和 9.34 亿人次。其中，在线办公和在线医疗用户数量增长最快，用户数量分别达 4.69 亿和 2.98 亿人次，同比增长 35.7% 和 38.7%。线上外卖和网约车的用户增长数量紧随其后，用户数量分别高达 5.44 亿和 4.53 亿人次，同比增长 9.9% 和 23.9%。得益于互联网应用适老化改造行动的持续推进，高龄人群上网需求活力进一步激发，截至 2021 年 12 月，我国 60 岁及以上网民数量高达 1.19 亿人次。

在数字乡村方面，随着计算机应用的快速普及，涌现了无人农场、农产品智能加工车间、农业区块链溯源、农业农村大数据平台服务、乡村数字治理等一大批应用场景。"空天地一体化"农业物联网应用体系初步建立并迅速推广。在全球新一轮科技革命进程中，农业物联网是为了满足现代农业需求而出现的一项重要技术，伴随着全球导航卫星系统、无人机遥感技术、移动物联技术的发展，农业物联网的应用精度不断深化，应用范围不断拓展。

2.3　数字抗疫助力防控能力提升，智慧教育快速发展

在数字抗疫方面，5G 除支持实现实时高清视频监控、远程诊疗、远程手术外，相关业务也可能在云上部署。例如，可以借助 5G 网络实现非接触式实时病患信息采集，以实现病患病历云化共享。人工智能技术助力新冠肺炎疫情防控效果明显，科大讯飞"智能语音外呼助手"免费提供重点人群筛查、防控和宣传教育服务。百度地图提供的"慧眼迁徙大数据"服务，实现了对超过 500 万人员流动方向的数据定向和分析，为更加精准和严格的疫情控制提供了支撑。

在远程教育方面，随着以人工智能、物联网和虚拟现实等技术的深入应用，加之全国各地加快推动"双减"政策落地，"互联网+教育"新发展模式驶入快车道。2021 年 7 月，教育部等六部门印发《关于推进教育新型基础设施建设构建高质量教育支撑体系的指导意见》，要求通过开发智能助教、智能学伴等智慧教育教学 APP，提高远程教学质量。当前，国内学校互联网接入率已达到 100%，基于互联网的教学模式创新成为新常态。自新冠肺炎疫情暴发以来，"互联网+教育"实现了我国近 3 亿师生的线上教学。线上线下结合将成为主要发展趋势，主要模式将是依托智能教学终端实现人机共教共育。

2.4　计算机应用技术持续创新发展，多项技术实现突破

物联网作为以互联网为基础发展起来的新兴技术，得益于人工智能、5G 等技术的发展，正迈入人、信息(赛博)空间与物理空间融合的万物智联的"智慧物联网系统"新发展阶段。未来智慧物联网系统将会是国民经济、国计民生及国家安全等领域各行各业的大融合。2021 年，随着我国"新基建加速"的持续推动，工业互联网/工业物联网加速建设，既为数字技术创新和落地应用提供了好的政策及发展环境，其成果也进一步推动了数字技术的创新及应用，形成了良性循环。数字经济的蓬勃兴起带动各产业数字化转型，智慧物联网系统在智能制造、智慧家居、智慧交通等领域的应用场景不断增加。

鸿蒙操作系统为不同设备终端之间的协同互联提供统一化语言，实现了简捷、流畅、连续和安全可靠的全场景交互体验。伴随鸿蒙操作系统的开源以及场景生态的构建，我国不同行业的设备厂商推出基于 OpenHarmony 的下游操作系统。2021 年 10 月，美的公司针对家电产品推出了物联网操作系统；2021 年 11 月，科通公司针对新能源汽车及工业电力系统应用场景，推出了智能电池管理系统；2021 年 12 月，润和软件公司面向物联网终端设备发布了HiHopeOS 操作系统。

在自动驾驶方面，自动驾驶技术正推动人工智能、互联网、汽车产业、交通产业融合与创新发展。2021 年，互

联网企业和科技企业加速布局自动驾驶行业，自动驾驶感知、智能驾驶域控制器、芯片、计算平台、无人驾驶不同的落地场景等领域相关关键技术取得突破，自动驾驶技术已在多个应用场景中实现落地。自 2021 年起，传统车企不断加大与自动驾驶核心零部件供应商的战略合作。自动驾驶科技企业在经历了前期的技术研发期之后，通过与主机厂商和应用场景方的战略合作，搭建技术、量产、平台"三位一体"的合作战略，加速自动驾驶技术的更迭和场景应用的落地，产业融合开始提速。

第3章 我国未来展望

随着计算机应用技术的蓬勃发展，新业态、新领域、新场景将不断涌现，计算机应用将深度融入产业发展，推动产业数字化和智能化转型，正在开启"万物智联、智能引领、数/模驱动、共享服务、跨界融合、万众创新"的智慧计算机应用系统发展的新阶段[4]。

3.1 发展方向研判

2021年，我国数字经济飞速发展，网络安全迎来新的发展阶段。未来，我国计算机应用领域将持续呈现技术进步快、产业覆盖广、同各领域的产业关联迅速增强等特点。一方面，人工智能、深度学习、知识图谱、数字孪生等一批融合性新兴技术将加速发展，移动互联网、物联网、工业互联网等将持续拓展产业边界，万物互联趋势将更加明显；另一方面，人工智能技术与云计算、大数据、物联网、移动互联网等技术的加速融合运用，将加速推动计算机应用技术从技术领域向实体经济领域延伸[5]，并加快覆盖智能制造、数字抗疫、智慧远程医疗、自动驾驶、智慧农业与数字乡村等领域。

一是数字技术与实体经济融合加深，将提升数据服务于实体经济的效能。《"十四五"数字经济发展规划》中提出，要推动"数字技术和实体经济深度融合"，要"增强数据服务于实体经济的效能"[6]。加快推动实体经济的数字化转型，是落实以供给侧结构性改革为主线的重要体现，实体经济的数字化程度将影响未来国家经济竞争力，也将成为信息化建设的重要成果[6]。数字化设计制造、先进传感技术、机器人与智能控制系统等应用日趋广泛，将持续推动数字技术与制造业深度融合，形成人机共融的智能制造模式，有利于大幅提升生产效率，拓展生产可能性边界，进而实现更高水平的价值创造[7]。

　　二是制造业将成为人工智能技术最具潜力的应用领域之一。制造业有望成为人工智能应用场景最丰富、人工智能融合应用最广泛的关键领域，应用需求自始至终贯穿制造业全生命周期。在新应用需求的牵引下，制造领域将逐步向更多的环节和更多的层次深化，加速人工智能与制造业深度发展融合，推动人工智能产品和服务更多体现在工业智能产品和工业系统解决方案中。此外，由于当前大部分企业尚未从人工智能应用中获得规模化价值，投入产出比和安全性将成为绝大多数制造企业应用人工智能技术的重要依据，关注的焦点将逐渐从设备价值转向用户价值。

　　三是"万物互联"带来新挑战，网络安全领域引起重视。我国网络安全领域发展处于快速增长的初级阶段。在市场发展方面，在产业规模不断扩大的基础上，产业结构和发展质量亟须提升[8]，仍然存在着高端网络安全产品缺少、安全服务发展相对落后、产品服务与关键行业融合度低等问题。在产业生态方面，仍存在相关专业技术人才短缺、资本不足、安全意识不强、需求不完全明确等制约网络安全技术创新和产业发展的问题，网络安全是数字化转型面临的主要挑战之一。

四是促进农村数字经济发展，有效助力乡村振兴。建设智慧农业，加速推进农业生产、加工、运输、销售等产业链各环节数字化、智能化升级成为当前的重要任务。随着数字科技的深入应用，涌现了无人农场、农产品智能加工车间、农业区块链溯源、农业农村大数据平台服务、乡村数字治理等一大批应用场景。农业物联网应用精度不断深化，应用范围不断拓展，深度学习、人机共融、触觉反馈、生物技术、新能源、新材料、仿生学等与农业机器人技术深度融合，推动农业迈向无人化/少人化。未来建设智慧农业核心基础设施将成为重点内容，特别是大数据技术和区块链技术。

3.2 建议举措

未来几年将是计算机应用与传统行业进一步紧密融合的时期，我国需在技术创新、产业发展、模式创新等方面持续发力，为计算机应用领域向数字化、网络化、智能化迈进提供源源不断的驱动力。在加快推动计算机应用领域核心技术突破的同时，着力推动计算机应用与实体产业深度融合。

在智能制造方面，与人工智能深度融合，将有力推动各类产业的数字化、智能化转型升级及新兴数字产业的新发展。目前，我国在人工智能与制造业融合方面进行了积极探索，具备了一定的技术和产业基础，后续应围绕制造企业与人工智能企业两大主体持续发力，推动人工智能与制造业融合向纵深发展。一是尽快打通信息"孤岛"，加紧实现不同产业间大数据共享共用，实现海量数据的高效采集、共享开发和利用；二是加速推动有能力的企业增大研发投入，重点实现相关核心软件和解决方案的自主可控，促进智能制造业与知识、信息等要素的全方位融合；三是突出拓展人工智能在制造业的应用范围，加快培育发展智能制造细分领域的龙头企业；四是加快引进和培育复合型人才，解决人工智能专业技术人员数量严重滞后于人工智能产业发展的问题。

在数据融合方面，深度挖掘大数据应用场景，加速建设全国统一的数据管理平台，突破数据共享共用壁垒。在抗击新冠肺炎疫情的过程中，大数据相关技术对于疫情形势的分析和监控发挥了重要作用，但仍有较大挖潜空间。尤其在数据融合方面，实际效果与理想希望仍存在较大差距。当前情况下，应广泛利用大数据手段，将国家掌握的信息和企业掌握的信息深度融合，实现更为精确的疫情防控，同时对复工复产提供更为精确的决策支持。特别是在此次疫情中，中小企业受到的冲击较大，政府可考虑尽快构建全国统一的疫情应急数据融合平台，通过数据手段开展对中小企业的精准扶持。

在强化关键技术方面，要加大传感器、量子通信、大规模集成电路、大数据、人工智能、区块链等核心战略前瞻性技术的攻关。充分发挥举国体制优势，在基础设计工具自主可控方面进一步加大投入力度，以数字化机床、工业母机、工业软件为重点领域，加快补足计算机应用底层技术短板，筑牢智能制造关键技术底座。加快推动相关企业跨界融合创新，构建集"多元化参与、网络化布局、市场化运作"于一体的创新生态。此外，国家应鼓励开源技术创新，增大对核心技术自主可控的开源平台和项目的支持力度，持续推动创新模式开放。

第4章 我国热点亮点

4.1 智能制造

4.1.1 产业与技术进展

智能制造系统是将持续发展中的先进信息通信技术与先进制造技术深度融合，贯穿于产品设计、生产、服务等制造全生命周期的各个环节及其相应系统的优化集成，具有对制造全系统及全生命周期活动中人、机、物、环境、信息自主感知、分析、学习、决策、控制与执行等智能特征的，人、信息(赛博)空间与物理空间集成、融合的制造系统[9-12]。其目标是持续提升企业的产品、质量、效益、服务水平，减少资源消耗与污染，推动制造业在创新、协调、绿色、开放、共享理念引领下，不断向虚实融合、知识驱动、动态优化、安全高效、绿色低碳方向发展[13,14]。当前，智能制造已成为我国制造业高质量发展的迫切需求和主攻方向。随着时代发展的需求，以及智能制造技术与新兴的信息通信技术深度融合应用，智能制造系统也在持续演进。新智能制造系统正发展成为一种适应新时代、新态势、新征程，且具有新模式、新技术手段、新业态、新特征、新内容及新目标的先进智能制造系统——智慧工业物联网系统/智慧工业互联网系统[15-17]。如图 4.1 所示，新智能制造系统的体系架构突出了适应新系统的特色，突出了边/云/端协同新架构、新兴的信息通信技术与制造技术深度融合、感知/接入/通信网络等虚拟化和服务化、工业机理模型驱动和云原生的新型工业 APP 开发环境等创新。

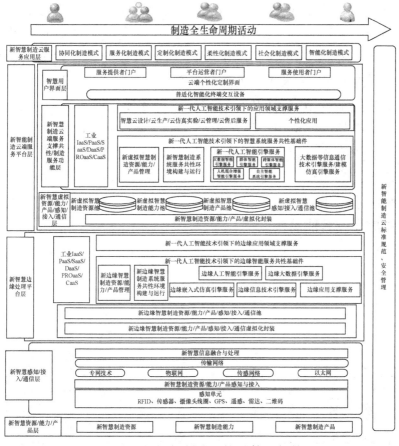

图 4.1　新智能制造系统的体系架构

总体来讲，在新信息通信技术与智能制造技术融合创新推进下的智能制造系统在推动产业数字化转型和数字化产业发展等方面已取得良好的成绩，有力地推动了我国数字经济的发展。

一是制造大国的地位进一步巩固。主要体现在：一是体量大，如图 4.2 所示，2012 年～2021 年，我国工业增加值由 20.9 万亿元增长到 37.3 万亿元，其中制造业增加值由 16.98 万亿元增长到 31.4 万亿元，占全球比重由原来的 22.5%提高到当前的近 30%[18]；二是体系完备，我国工业体系拥有 41 个大类、207 个中类、666 个小类，是世界上工业体系最为完善的国家。在 500 种主要工业产品中，40%以上产品的产量位居世界前列[18]；三是竞争力增强，光伏、新能源汽车、家电、智能手机、消费级无人机等重点产业持续向高端跃升，通信设备、工程机械、高铁等一大批高端品牌走出国门，为制造业的数字化转型和智能化升级提供所需的智能软硬资源。

图 4.2　2012 年～2021 年我国工业增加值增长情况(单位：万亿元)

　　二是重点领域创新取得重大突破,重大工程捷报频传,我国制造业正从"中国制造"向"中国创造"迈进。"嫦娥五号"地外天体采样返回、"天问一号"开启火星探测、"奋斗者号"万米海沟成功探底,刷新我国深空深海探测新纪录。"北斗三号"全球卫星导航系统全面建成,开创了我国自主独立全球卫星导航的新纪元。百万千瓦级水轮发电机组正式投产,标志着我国重大装备制造实现新跨越。大国重器亮点纷呈,我国首艘国产航母列装,第二艘下水,C919大型客机成功试飞,可载 3000 吨级船舶的三峡垂直升船机投运,超深水半潜式钻井平台建成运行,自主研发的8.8m 超大采高智能化矿山装备研制成功,特高压输变电、大型掘进装备、煤化工大型成套装备、金属纳米结构材料等都处于世界领先水平[18]。

　　三是制造业产业结构加快升级,数字化转型全面提速,产业区域布局不断优化。高新技术制造业和装备制造业引领带动作用显著增强,2020 年,高技术制造业占规模以上工业增加值比重提高到 15.1%,装备制造业占规模以上工业增加值比重提高到 33.7%,对规模以上工业增长的贡献率超过 70%[18]。传统产业结构优化升级成效显著,绿色低碳化转型取得重大成果,提前两年完成"十三五"钢铁行业去产能 1.5 亿吨目标[18]。技术改造投资占工业投资比重提高到 47.1%,新技术、新材料、新装备、新工艺广泛应用,规模以上工业企业新产品销售收入占主营业务收入比重提高到 20%左右[18]。制造业数字化转型全面提速,"十三五"期间,工业企业重点领域关键工序数控化率达到52.1%,数字化研发设计工具普及率提高到 73%[18]。产业区域布局不断优化，京津冀、长三角、粤港澳大湾区等重点区域以协同发展、一体化、创新合作等方式稳步推进发展，龙头带动作用进一步提升，电子信息、轨道交通、工程机械、汽车等领域企业合作聚集形成一批先进制造产业集群。我国产业数字化全面发展，成效初现。数字化改造基础设施更加坚实，工业数字化转型加速，工业企业生产设备数字化水平持续提升，数字化改造场景更加丰富。

四是制造业企业实力显著增强，制造企业数字化普及率提升。龙头企业加速发展壮大，2021 年，我国制造业企业 500 强营业收入总规模突破 40 万亿元[①]；在最新发布的世界 500 强企业榜单中，我国企业有 58 家入围[19]。中小企业创新主体作用显著增强，成为技术创新和模式创新的主力军。截至 2021 年 9 月，全球灯塔网络成员共 90 家，我国"灯塔工厂"数量已达 31 家[②]。制造企业借助数字化手段实现产业链、供应链协同与优化升级。借助数字化手段实现产业链协同，向个性化定制、服务型制造方向转型的企业比例均有提高。制造企业依托数字平台快速营造新的消费场景，带动新兴产业加速发展，借助数字化产业链和供应链进行制造资源整合，形成产业链协同网络，实现产业链各环节之间的高效协作，推进产业链优化升级。

五是信息通信业实现新的跨越，5G、工业互联网和大数据等新信息通信技术与制造业技术加速融合。数字基础

---

① 数据来源：中国企业联合会，中国企业家协会，2021 中国制造业企业 500 强。

② 数据来源：叶子，制造业加速迈向数字化，人民日报海外版，2022-03-15(005)。

设施全球领先，在"宽带中国"战略等重大政策推动下，建成全球最大规模光纤和移动通信网络，固定宽带从百兆提升到千兆，千兆光网全面覆盖城市[6]；建成全球规模最大、用户最多的 5G 网络，形成全球最大的 5G 产业体系。根据工业和信息化部的统计，截至 2022 年 5 月底，我国已建成 5G 基站 170 万个，建成 80 余个具有一定影响力的工业互联网平台，初步形成涵盖综合型、特色型、专业型特色的多层次工业互联网平台体系，5G、人工智能、区块链等新兴技术正加速与平台融合创新。智能制造推广应用示范取得一定成效，生产效率平均提高 45%，产品研制周期平均缩短 35%，产品不良品率平均降低 35%[14]，涌现出离散型智能制造、流程型智能制造、网络协同制造、大规模个性化定制、远程运维服务等新模式或新业态[15]。网络应用从消费向生产拓展。我国传统工业企业的工业数据中心向具有高技术、高算力、高能效、高安全特征的工业大脑、技术中台等加速转化[16]。

4.1.2　趋势预测

在新应用需求的牵引下，智能制造系统也在不断地演进和发展。为适应新时代、新态势、新征程，智能制造系统被认为正演进成为"智慧工业物联网系统/智慧工业互联网系统"[10-12,15-17]。与此同时，智能制造系统的实施也成为一项持续演进的复杂系统工程，其发展需要系统、持续地建立和运行"技术、产业、应用、人才、政策及保障体系一体化创新"的新发展格局。

智慧工业物联网系统/智慧工业互联网系统是在新发

展理念指引下，在新一代人工智能技术引领下的"人、信息(赛博)空间与物理空间"融合的"新智慧资源/能力/产品"智慧互联协同服务的智能制造系统。该系统具有六新(新技术、新模式、新业态、新特征、新内容、新目标)、新的体系架构和新的技术体系等。它是一个复杂系统，由新产品/能力/资源体系、新网络/感知体系、新平台体系、新标准安全体系、新应用体系及新用户体系等六大新体系组成[1,10-12,15-17]。智慧工业物联网系统创新研发、设计和生产模式，推动制造模式变革，通过全系统上下游的技术改造和技术创新，未来将促进传统研发模式的创新体系由封闭走向开放。工业物联网产业链已初步形成，将通过产业链协同，实现智能制造全产业链资源的网络化集聚和动态优化配置，优化智能制造全系统的组织方式，推动制造业实现资源高效协同利用和价值共享。智慧工业物联网系统赋能制造全生命周期形成数字化、网络化、云化、智能化应用。例如，在研发设计阶段，基于 5G 技术与高性能计算技术能实时采集、传输数据、高性能计算专业模型等；在生产制造阶段，基于工业物联网技术与数字孪生技术，实现柔性生产制造系统的主动感知、动态优化控制和智能决策，显著提高整机装配生产效率[20]；在物流仓储阶段，基于 5G 技术、人工智能技术，实现成品物流环节相关物流设施的自主作业；在销售服务阶段，基于人工智能技术、大数据技术实现需求精准预测，并通过虚拟现实技术为用户提供产品虚拟体验。

　　智慧工业物联网系统/智慧工业互联网系统不断融合新平台技术，通用、开放、智能、自主可控的工业操作系统/平台成为支撑智慧工业物联网系统/智慧工业互联网系统的内核。智慧工业物联网系统将以"双碳"为契机,提供支持多种工业协议的海量设备、产品、服务的开放式接入和管理能力,为工业应用提供统一的快速开发、高效集成、部署和运行的平台、模型库、算法库和管理服务[21],为不同应用领域提供具有共性支撑能力的大数据、人工智能、仿真等服务引擎。未来智慧工业物联网系统将以未来网络为基础、以平台为中枢、以数据为要素、以安全为保障,实现工业装备数字化、工业软件云原生化、工业数据价值化,推动形成互联网、大数据、人工智能等技术与实体经济深度融合的应用新模式、新业态,进而重塑企业形态、供应链和产业链[22]。

积极推动数字化产业发展、支持产业数字化转型和智能化升级是支撑智能制造新发展的重要方向。数字化产业包括四类产业:一是智能制造平台产业方面,引导行业龙头企业打造产业协同平台,形成一批提供平台化运营服务的企业与产业,并带动上下游企业同步实施数字化转型,打造智慧供应链;二是智能产品产业方面,针对感知、控制、决策、执行等环节的短板弱项,突破一批"卡脖子"基础零部件和装置,研制一批国际先进的新型智能制造装置[13],并依托重大项目和骨干企业,开展安全可控工业软件应用示范;三是智能制造系统建设产业方面,面向制造全流程,突破智能制造系统规划设计、建模仿真、分析优化等技术,保证智能制造系统建设技术基本满足跨平台、跨领域的数据和业务贯通融合需求,形成一批具有国际先进水平的智能制造系统建设服务商和产业生态;四是智能制造系统运营产业方面，加快新一代信息技术与制造全过程、全要素深度融合，实现泛在感知、数据贯通、集成互联、人机协作和分析优化，建设数字化网络化智能化示范工厂；鼓励各地方、行业开展多场景、多层级应用示范，培育推广创成式设计、网络协同制造、大规模个性化定制、预测性维护、远程运维服务等新模式[14]，逐步完善以服务运营为商业驱动力的智能制造系统运营产业生态。

国家主导的基础建设和产业布局是实施智能制造的重要保障。特别是基于未来网络、人工智能、数据中心等融合构建的智能基础设施将成为制造业数字化转型和智能化升级的助推器。一是面向制造的未来网络将不断向虚拟化、服务化、智能化的方向发展，将成为助力实现制造数字化转型和智能化升级的工业底座和基础倍增器。未来网络基础设施将以 AI、边缘计算和物联网为基础，采用人—机—物—灵的全新通信架构[23]，实现从真实世界体系到虚拟世界体系的延拓。网络/计算/存储一体化以及在多维资源一体化平台中融入内容分发能力正在成为未来网络技术发展的重要趋势[24]，将以更灵活、更开放、更智能、更深度可编程的网络操作系统为核心，形成自主可控的未来网络产业生态链。二是随着领域应用对实时计算需求的提升，对数据算力也提出更高要求。以边缘计算、云计算、人工智能计算中心、数据智能中心、超级计算中心等设施构成的多层次算力设施体系正在演化形成，不同层级、不同体系的算力网络一体化体系将成为基础设施发展的趋势[25]。工业大数据、工业机理与人工智能等的加速融合，正有力地推动制造业生产率跃升、产业链优化和竞争力重塑，助力振作工业经济运行，推动工业高质量发展[26]。三是海量连接产生的数据交互及数据分析需求促使工业 IoT 与 AI 的更深融合形成工业 AIoT[27]。人工智能未来将支撑实现感知智能化、分析智能化与控制/执行智能化。工业 AIoT 整体架构将支撑多源异构数据采集和信息获取、基于工业机理和数字孪生的智能分析和预测、决策系统和控制过程的集成，助力实现工业装备的全智能、全互联，形成具有"全局优化、动态重构、工控域和管理域融合"等特点的先进工业智能网络。

行业/企业的应用新需求等牵引着智能制造系统加速演进。其发展将要进一步突出行业、企业特点，突出问题导向，突出全系统综合集成优化。针对企业、行业、区域转型升级需要，以应用场景及问题导向，构建车间、工厂、行业各级智能制造系统；实现全产业链(设计、生产、服务、管理)横向集成优化；特别重视推进中小企业数字化转型。

4.2　数　字　抗　疫

4.2.1　产业与技术进展

数字抗疫是指在数字技术支持下的科学化、精准化、智能化疫情防控系统、应用与服务的统称。通过以互联网、5G、大数据、云计算、人工智能为代表的数字技术与流行病学、医疗技术相融合，升级传统防控、医疗系统，围绕疫情监测、流调溯源、隔离防控、患者救治、资源调配、便民服务、复工复产复学、全球防疫合作等形成全周期、全链条的疫情防控应用服务体系，实现对疫情防控能力提升与行动落实。广义上，在线医疗、在线教育、远程办公等有助于扩大社交距离的一系列数字化应用也可纳入数字抗疫的范畴。

当前，我国处于常态化疫情防控阶段，在"外防输入、内防反弹"和"动态清零"等防控政策指导下，数字抗疫产业化趋势显现，在疫情防控中发挥更重要的支撑作用。总体上呈现公共卫生领域数字化转型加速、公共卫生防控支撑平台联通水平不断提高、数字抗疫应用围绕场景需求向多元化发展、数字抗疫服务更加便民高效、智能防疫终端产品形态愈加丰富的发展态势。随着数字技术与公共卫生防控融合加深，基于大数据、人工智能的疫情监测预警技术有力支撑了各类防控平台的科学决策管理，密切接触者追踪技术作为突破性技术有效提升了传统流调溯源效率。同时我国法律规制的完善，也对数字防疫应用中的数据安全与隐私保护提出更高要求。2021 年我国数字抗疫产业与技术新进展主要体现在以下几个方面：

健康码整合升级，互认联通加深，进一步提高全国分级分类管控效率。"健康码"作为我国数字抗疫的代表性应用，已从数字出行凭证演化为城市治理的重要载体，为技术系统与人的活动协同的新社会治理模式提供有利实践，如图 4.3 所示。健康码诞生至今已历经填报自查、亮码通行、一码集成[28]、扫码溯源四个阶段。截至 2021 年底，"健康码"已覆盖全国所有城市，"防疫健康码"已累计申领近

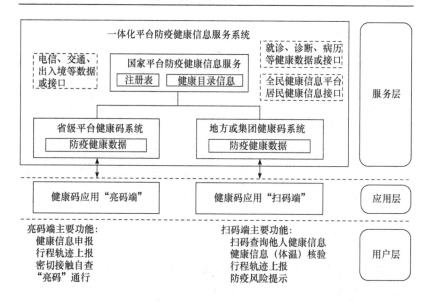

图 4.3　一体化平台防疫健康信息服务系统架构

9 亿人次，使用次数超过 600 亿人次①。"健康码"先后接入行程码、新冠肺炎病毒疫苗接种记录、核酸检测结果，实现"四码"一页可查，并从集成疫情防控应用衍生至健康相关领域。健康码应用系统推出的"场所码"从医院、商场等重点场所向地铁、公交、出租车等移动场所拓展，为人口流动性大、耦合度高和出租车等手机基站难以准确记录行动轨迹的场所提供数字化管理手段[29]。健康码信息中内嵌数字签名值及个人信息主体授权记录摘要，使用时需先完成可信用户身份认证，用以实现对数据安全与个人隐私授权管理。通过大数据分析个人的健康情况和移动轨迹，自动测算个人风险等级并调整健康码颜色实现分级管

① 数据来源：新华社，http://www.jjckb.cn/2021-12/31/c_13104038 41.htm。

理[30]。

数据联通水平直接影响健康码赋码赋色的准确性，国家政务服务平台为健康码开展跨省(市)数据共享和互通互认提供支撑，通过打通多部门数据构建新冠肺炎疫情防控专区，已分别实现部门防疫服务、地方防疫服务平台的集成。截至 2021 年 12 月底，国家政务服务平台作为数据共享枢纽，已累计向各地多部门共享防疫相关数据超 1.8 千亿次①，目前全国绝大部分地区"健康码"互通互认，正在积极推动全国"一码通行"。提高系统稳定性与多人群多场景适用性成为当前应用主要优化方向，2022 年 1 月，广西健康码信息系统上线"断网可用"功能，保障民众在系统故障或网络中断等情况下仍能亮码出行[31]。

围绕常态化防疫需求健全人物同防体系，数字抗疫应用不断融合丰富。我国常态化疫情防控大数据平台实现多技术应用、多功能集成和多场景应用，如图 4.3 所示。多起进口货物引起的本地疫情都显示了完善物防体系建设的必要性。2021 年 5 月《新型冠状病毒肺炎防控方案(第八版)》发布，方案要求"人物同防"，重点加强进口冷链食品和物品的防控。冷链食品溯源管理平台、机场智慧防疫指挥平台、港口疫情防控数字化管控平台等一系列面向进出口货物及人物同防的集成管控平台广泛建成并应用。宁波市上线海港疫情防控数字化管控平台，推出船舶"健康码"，实现人、船、物全程管控[32]。同时，及时有效的哨点监测工作是传染病"早发现"的重要保障[33]。多地完善药械数字化监管,推出药物智能监管系统,加强药品交易尤其是"一退两抗"药品的实时监测预警。截至 2021 年 6 月,广东省药品监管局构建"哨点"监测网累计上报 7571.9 万条购药信息①。

　　北京冬奥会成功构筑疫情防控"数智防线",大型活动防疫展现"中国智慧"。新冠肺炎疫病毒全球传播背景下,北京冬奥会在安全监测预警、健康保障、环境风险管控等多方面充分采用智能化应用和数字化手段,实现了安全办会的目标,为全球在后疫情时代举办大型活动、人员跨境流通管理等提供了参考典范。在基础设施方面,通过赛区及连接道路 5G 网络全覆盖,打造"闭环"内高效通信基础设施平台。在人员抵离管理方面,借助"冬奥通"应用程序实现防疫信息高效沟通。在日常监测方面,广泛应用智能化防疫系统、智能健康监测设备。多验合一的智能终端数字监测哨点和智能测温仪实现人员体温、健康宝、核酸检测和疫苗接种情况快速核查与大人流实时健康监测;基于迷你测温芯片的"腋下创可贴"实现运动员 24 小时体温监测管理。场馆智能巡检机器人采用模块化设计可自主叠加测温、人脸识别等模块,满足多样化日常防控需求。此外,各类服务机器人、无人机也被广泛应用,通过减少了人员接触有效降低了疫情传播风险。在应急救治方面,冬奥会医疗保障指挥调度平台运用 5G+物联网信息技术,结合地理信息、全球定位、遥感遥测、远程会诊等系统,

---

　　① 数据来源:羊城晚报,打通疫情防控战"最后一公里",广东率先建立零售药店"哨点"监测制度,http:// health.ycwb.com/2021- 08/19/content_40214385.htm。

通过智能穿戴装备、移动会诊客户端、救护车载(直升机)实现音视频、影像及医疗检测数据的采集与传输,为赛场提供远程诊疗与救治服务[34]。空气环境检测方面,研发应用公共空间生物气溶胶新型冠状病毒监测系统,该系统的检出率是现有 PCR(Polymerase Chain Reaction)体系的三倍,有效提升环境监测敏感性,成为防控体系的重要一环[35]。环境消杀方面,紫外线消毒机器人、雾化消毒机器人等各类智能化消杀机器人已可实现在大流量人群场馆中开展高效消杀。北京冬奥会丰富的全链条疫情防控智能化终端应用也彰显我国智能防控机器人产业链已初步形成。

基于"健康数字凭证"国际互认机制加速开发,全球探索国际客货便捷流通新模式。疫情常态化防控阶段,如何做好疫情防控的同时便利人员往来和货物流通成为现实需求。2021 年 3~4 月,我国先后同俄罗斯、阿联酋、新加坡、马来西亚、韩国等国协商建立健康码互认共识。国家层面上,包括我国在内的 54 个国家已经创建了国家官方 COVID-19 认证计划(分别来自美洲、亚洲、欧盟和非洲/大洋洲的 7 个、15 个、29 个、3 个),其中 36 个由智能手机应用程序支持[36]。相关政府、国际组织正加快开发和推广国际健康旅行凭证。当前已开发应用程序的国际"数字凭证"主要包括:国际航空运输协会的旅游通行证"Travel Pass"、欧盟的数字 COVID 证书"EUDCC(EU Digital COVID Certificate)"、世界经济论坛与非营利公共信托基金会(Commons Project Foundation)的通用通行证"Common Pass"、国际商会的 AOK 通行证"AOKpass"、IBM 的数字健康通行证"DHP(Digital Health Pass)"等。在数据安全技术措施上，Travel Pass 仅采用了可验证凭证，EUDCC 和 commonPass 采用了公共秘钥，AOKPass 采用了区块链(以太坊)技术，DHP 则同时采用了验证凭证和区块链 (Hyperledger)[36]。

防疫数据积累助推大数据与人工智能技术与公共卫生防控融合加深，提升防疫决策效率与准确性。大数据、人工智能技术是数字防疫应用的关键支撑技术，在提高传染病防控的针对性、预见性和主动性，控制传染病扩散以及制定卫生决策等方面都具有十分重要的意义。国内外都已形成了相对成熟的开放疫情数据资源与平台[37-40]为研究提供必要的数据来源。新冠肺炎疫情暴发以来，我国持续加大公共卫生信息化建设投入①(图 4.4)。各省市政府依托智慧城市形成的城市数据平台为疫情防控数据挖掘提供城市基础数据支持。

大数据可视化技术被广泛应用于疫情数据面板、疫情发布平台，主要包括疫情的专题可视化、疫情地图可视化、疫情可视化探索分析三类[41]，通过对复杂多维的疫情数据集成与关联分析，着重从时空两个维度展示疫情动态变化，直观地展现大数据智能分析结果，提高了疫情数据决策分析研判的效率。深度学习、数学和统计模型如自回归积分移动平均、优化技术如粒子群优化以及仿真模型如 SEIR，被应用于预测 COVID-19 疫情[42]，其中 SEIR 模型是经典的传染病模型之一。不同尺度上的预测模型显示人群流动

---

① 数据来源：前瞻产业研究院，《中国医疗信息化行业市场前瞻与投资战略规划分析报告》，2022。

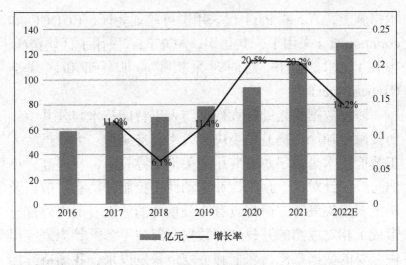

图 4.4　2016 年～2022 年我国公共卫生信息化市场规模(单位:亿元)

性的影响是模型预测精度的关键要素之一[41]。兰州大学黄建平院士团队创新研发"新冠肺炎疫情全球预测系统"[43]，可开展全球疫情预测，2022 年该系统的第二版预测模型使用修改后的易感—暴露—感染—恢复(SEIR)并结合了全球真实流行病数据、气象因素和隔离措施对于传播的影响，在全球疫情案例分析中的预测平均准确率为 57%[44]，对 2021 年 11 月的呼伦贝尔市累计确诊病例数的预测准确率达 94.62%[45]。评估防控政策有效性调整地区防控策略是当前研究的热点。2021 年 7 月，钟南山院士团队与腾讯公司开发了一种新的反事实推理模型框架，评估疫情防控措施对抑制新冠肺炎疫情的定量影响[46]。

　　数字接触者追踪技术通过创新溯源路径有效提升流调效率，其中，如何解决该技术应用中的隐私安全问题热度较高。快速、准确地推断疾病起源，对于疾病防控具有重要的现实意义。尽可能查找到所有密切接触者,减少社会面传播风险,是落实"动态清零"的必然要求。越来越多证据表明接触者追踪程序的应用有助于减少感染、快速抑制传染病毒传播[47,48]。有效采用数字接触者追踪程序与其他缓解措施相结合,新冠肺炎疫情的流行可能会减慢,理论上甚至可以结束[49]。智能手机的普及、设备联通、大型在线数据集、相对低成本的计算资源以及机器学习和自然语言处理能力为发展数字接触者追踪技术奠定基础。我国数字密接人员追踪主要利用手机信令信息,根据在一定直径范围内与风险人员的手机信令共同停留时间,评估"时空伴随"风险,实现百米级封控范围划定。当前,大多数使用移动应用程序进行的接触者追踪依赖于接近度追踪的概念,相关应用主要通过全球定位系统、Wi-Fi 技术、蓝牙技术、社交图、基于网络的 API、移动跟踪数据、卡交易数据和系统物理地址等方式来实现接近度信息收集,其中蓝牙技术是最常用的底层技术[50,51]。隐私安全是追踪技术中不可回避的问题,在定位技术选择上,蓝牙技术被公认最有利于个人信息保护和隐私安全的技术,通过蓝牙信号强度记录人与人之间的物理距离同时不保留个人隐私。不同程度隐私保护的国际框架被提出并使用,包括分散式隐私保护邻近跟踪、泛欧隐私保护邻近跟踪倡议和谷歌—苹果联合框架[52]。一些研究从转变追踪技术、融合区块链技术、开展数据加密处理、隐私计算等方面提出改进方案。例如,借助人工智能和机器学习等侵入性较小的技术,通过识别热点、追踪和监测感染者来辅助分析新冠肺炎病毒的感染水平;使用热成像技术,利用医疗物联网和其他物联网设备跟踪和追踪阳性病例，辅助控制新冠肺炎病毒的传播和未来的传染病暴发[53]。开发基于 5G 技术和区块链技术的医疗应用中的隐私保护联系人追踪方案[54]。在不暴露原始位置信息的情况下，采用邻近计算算法实现利用同态加密位置信息来识别接触者情况[55]。

4.2.2　趋势预测

常态化疫情防控阶段数字抗疫应用将持续深化，在数据安全与隐私保护等法律规制驱动下，应用数据安全与隐私保护体系将进一步完善。数字基础在标准化、共享、安全层面不断强化，加快形成全国统一的信息平台，促进防疫相关信息共享互认；技术体系上，智能感知、识别物联网技术在新基建支撑下融合深入，构建人、物、设备互联的防控网络，从而支持更加丰富的产业形态；应用重点上，从疫情防控救治环节、精准溯源、决策支持、业务协同、物资生产制造供应向跨境客货流通管理、人物同防体系构建、综合智能应用终端等方向发展。更便捷、无感的信息核验方案推进疫情防控管理升级。伴随着数据、隐私法律的规制完善，健康医疗数据安全技术、个人隐私保护技术需求的重要性与迫切性将进一步提升。

公共卫生信息化产业将进入高速发展期，公共卫生治理正在实现数字化转型。国家疾病预防控制局的成立，将强化我国公共卫生防控能力并促进相应疾控产业发展。2020 年 12 月，国家卫健委颁布《全国公共卫生信息化建设标准与规范(试行)》，明确提出了我国公共卫生信息化建设的基本内容和建设要求。2021 年 12 月，中央网络安全和信息化委员会印发《"十四五"国家信息化规划》，将公共卫生应急数字化建设行动列为十大优先行动之一。通过政策引导与产业投入，我国公共卫生应急管理水平将达到国际领先水平。

弥合群体间、城乡间、区域间的数字鸿沟成为进一步释放数字防疫的社会治理效益的关键举措。数字鸿沟被认为是全球可持续发展的重要障碍。数字防疫应用有效发挥的重要前提是全体人口可以使用现代技术。但当前，数字鸿沟仍然是许多卫生系统面临的挑战，人口之间的信息与通信技术访问和使用之间仍然存在差距。通过切实解决老年人面临的"数字鸿沟"问题[56]，加快推动中小城市信息基础设施建设，增强中小城市网络基础设施承载和服务能力[57]，促进数字化公平性提升将使更多人群受益，通过深化数字治理，数字防疫服务覆盖面进一步提升，进而提升疫情防控效果。

后疫情时代，探索更加高效的人员流动管理技术与应用成为迫切需求。构建人类命运共同体成共识，多国政要提出携手合作才能战胜疫情。发展全球治理机制是后疫情时代主题。利用数字化技术实现精准防控成为城市数字化治理能力的必要手段。在全球疫情防控进入常态化阶段的背景下，保证人员货物的高效、便捷流动是国际性迫切需求。构建基于疫苗接种信息和核酸检测信息的可信"数字通行凭证"成为实现国际健康互认的基本共识。便捷、准确的快速核酸检测技术、家用新冠肺炎病毒检测试剂有望得到快速发展，从而为重大传染病的高效防控提供强力技术手段支撑。

4.3 智慧远程医疗

4.3.1 产业与技术进展

　　智慧远程医疗指将新兴的 5G、人工智能、大数据、边缘计算、物联网等技术与远程医疗及其各要素充分融合，协同赋能远程医疗系统，重塑远程医疗的业务场景、应用模式与业务价值，使得远程医疗更具及时化、普惠化、专业化。数字化和智能化技术已成为医疗健康产业创新发展的重要引擎，医工在深水区的深度融合，正在重塑医疗健康行业的生态，已经并在持续影响临床医生的工作方式[58-60]。远程医疗使得跨域性一体化协同医疗得以落地，缓解了医疗资源分布不平衡的难题。随着医学科研和临床医疗领域与大数据及人工智能技术的融合，智能医疗所形成的成果被引入并融合到远程医疗中，5G 通信、边缘计算、传感器与物联网、随车小型化医疗装备等也进一步赋能远程医疗，丰富远程医疗的应用场景，提升业务的智能化水平，以人机协同的方式高效响应来自基层的需求，赋能和提升基层医生的业务能力。同时，顺应居民健康素养和主动健康需求的提升，智慧远程医疗也逐步下沉至社区，走向家庭。健康监护和康复辅助等设备通过连接远程智能化服务构建了更为立体的医疗健康服务机制,提供日常医疗预防、监控和康复服务,参与和助力医疗健康产业从"专注于疾病治疗"向"预防、治疗和康复并重"的转型[60]。

　　近年来，国家出台了一系列医疗卫生政策方针指引，2016 年的《"健康中国 2030"规划纲要》中强调要发展以创新技术为基础的智慧医疗。2018 年的《关于促进"互联网+医疗健康"发展的意见》《互联网诊疗管理办法(试行)》和 2020 年的《关于进一步完善预约诊疗制度加强智慧医院建设的通知》《关于加强全民健康信息标准化体系建设的意见》等政策文件均对智慧远程医疗给予定位和期许。2021年国务院办公厅印发了《关于推动公立医院高质量发展的意见》，在"强化信息化支撑作用"方面明确指出要推动云计算、大数据、物联网、区块链、5G 等新技术与医疗服务的深度融合。上述政策也对远程和互联网医疗中涉及的数据安全和隐私保护等问题给出指导原则,配合我国近年实施的《数据安全法》《关键信息基础设施安全保护条例》《个人信息保护法》，为智慧远程医疗的持续健康发展奠定基础。

　　智慧远程医疗已树立多样化应用模式，覆盖远程监护、远程会诊、远程手术示教、智能机器人导诊、远程机器人查房等应用场景。在远程机器人手术等需要视频、力反馈、并行高速响应、器械设备精准定位和自动化/半自动化操作的高级远程操控类场景中也已完成突破并逐步进入实际应用。2019 年新冠肺炎疫情爆发以来，凸显了智慧远程医疗的作用和价值，需求实现暴发式增长。Mercom Capital Group(美康资本)的报告显示，远程医疗已成为全球智慧健康行业获得最高投资份额细分领域。据前瞻产业研究院预测，2022 年我国远程医疗行业市场将达 366 亿元[1]，并将保持每年 30%左右的复合增长率。

---

① 数据来源：前瞻产业研究院，《2022-2027 年中国远程医疗行业市场前瞻与投资战略规划分析报告》，2022。

概况而言，智慧远程医疗在政策的引导、需求的牵引、技术的支撑和生态的推动的合力下已经步入快速成长期，已经并在不断演化出新的多个细分场景和应用模式，发挥其技术融合、资源下沉、服务创新以及产业链延展的作用，持续向着及时化、普惠化和专业化方向发展，不仅为医疗健康产业中的医患乃至医保局、公共卫生管理部门以及医疗设备和医药研发等产业链上下游环节的转型与创新发展提供需求、动力和手段。智慧远程医疗的上述要素、作用、发展方向和价值等，如图4.5所示。

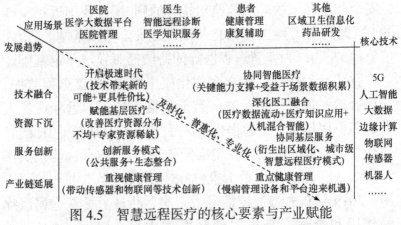

图 4.5　智慧远程医疗的核心要素与产业赋能

(1) 新一代数字技术和设备开启智慧远程医疗的极速时代。

以 5G、边缘计算、计算机视觉、精密控制机器人等为代表的新一代数字技术和装备与远程医疗业务的深入融合，支持实现了秒传高清图像、急救接诊检查、医学影像自动识别、异地实时指导与诊断、医疗设备远程低延时精准操控等功用，使得在以往技术条件下不可能的诊疗活动

成为可能并更具性价比。5G 技术无疑成为其中的标志，5G
实践已形成"多点开花、专域应用"的发展局面。2021 年
9 月，工业和信息化部、国家卫生健康委员会联合公布了
987 个 5G+医疗健康应用试点项目，涵盖急诊救治、远程
诊断、远程治疗、远程重症监护、中医诊疗、医院管理、
智能疾控、健康管理等九大方向[61,62]。宁波成立了国内首
家基于分级诊疗制度提供云医疗和健康管理服务的城市级
云医院，实现了与基层医院的远程高清、低延迟超声检查
服务，充分利用上级医院专家的优质诊断能力，初步实现
了跨区域、跨医院之间的业务指导、质量管控[63]。长沙金
域远程病理创新项目将 5G 技术应用到多个场景中，提高
远程取材协同、术中冰冻对接、疑难病例诊断实时 MDT
等诊疗服务的交互能力，提升服务过程舒适性、诊疗愈后
的跟踪及时性，优化远程病理诊断服务效率。

(2)跨越资源分布瓶颈，赋能基层医疗机构，智慧远程
医疗让优质医疗资源下沉基层。

医疗资源分布不均衡和专家资源稀缺是我国医疗健康
领域长期存在的瓶颈。智慧远程医疗可以把异地的病患和
医疗资源匹配起来，既解决病患需及时救治的问题，也解
决基层医生经验和能力不足的问题，其持续深化将促进分
级诊疗体系的落地发展。截至 2021 年上半年，全国远程医
疗服务县(区、市)覆盖率达到 90%以上，其中包括 832 个
脱贫县①。首都医科大学宣武医院与东软集团共同研发的

---

① 数据来源：国家卫生健康委员会，关于政协十三届全国委员会第四次
会议第 3872 号（医疗体育类 390 号）提案答复的函，2021。

"eStroke 国家溶栓取栓影像平台"，已连接百家以上基层医院，接收万余套数据，保证患者在首诊基层医院即可得到救助，争取黄金抢救窗口，降低致残率和死亡率，连续挽救"超窗"病人的生命[64]。2021 年，eStroke 平台被纳入中国医师学会最新《急性脑梗死缺血半暗带临床评估和治疗中国专家共识》[65]。在这一案例中，在新一代信息通信技术和平台云服务支持下，人工智能辅助诊断系统和远程诊断与指导中心有效结合，可实现分钟级影像序列传输，20 分钟内给出诊断结论和溶栓取栓方案。北京大学第三医院牵头打造"远程医疗+空中救援"的"空地一体化"冬奥应急救援方案，构建起"赛场—医疗站—直升机—定点医院"一体化救治体系，现场医疗站借助 5G 实现远程诊断，在伤员转运的过程中，定点医院就已经掌握其体征和伤病信息，从而提前做出基本诊断和应对预案，提升救援效率[66]。

　　(3)人工智能技术与远程医疗业务深度融合，创新公共卫生服务新手段。

　　AI 赋能远程医疗服务大有可为，可在诊前、诊中、诊后各个环节，提高医疗质量、降低服务成本、提升患者体验等，实现以人为本的全生命周期医疗服务体系。在医学影像智能辅助方向，由于超声、放射和病理等摄像手段丰富、数据量大，带来丰富的 AI 训练数据集，是医疗 AI 相对成熟的领域。基于图像识别、语义分割、目标定位与检测和三维重建等计算机视觉技术，可辅助医生出具临床诊断和治疗方案。随着医疗互联互通和数据治理的进一步推进，AI 医学影像将向多疾病多科室进行综合拓展。得益于临床知识库的沉淀，AI 应用于辅助诊断(Clinical Decision

Support System，CDSS)正在逐步走向成熟。CDSS 能为基层医疗机构解决医师资源不足和诊疗能力有限等问题提供较大帮助，自然语言处理和知识图谱等认知计算技术赋能的 CDSS，能够提供辅助诊疗、医嘱和病历质控、知识搜索等功能，并能帮助医生跨越单病种知识局限和规范诊疗行为，最终提升医疗服务质量。此外，国家对电子病历系统评级和医疗信息互联互通等的相关要求，也推动了CDSS 的快速落地[58,59]。例如，百度智慧医疗的"爱助医"基层辅助诊疗系统，具有医学知识服务、辅助诊断质控、病历语音录入、治疗方案推荐、语音外呼随访和区域医疗质量监控等功能，已在全国 3000 余家基层医疗机构落地应用，在提升基层医生服务能力、助力医共体建设和助推分级诊疗三个维度，整体赋能医疗系统基层信息智能化建设[67]。手术机器人是结合核心软件与高级硬件的临床诊疗产品，改变了外科手术的形态，骨科脊柱机器人是国产手术机器人中市场导入较好的，大大降低了国内患者的医疗费用[68]。

(4)智慧远程医疗牵动生态整合，重塑医疗服务模式，催生互联网医院快速发展。

全周期健康管理、分级诊疗体系、精细化开支管理是我国全民健康战略的基本导向，居民日益主动管理自己和家人的健康、参与医疗过程的决策。互联网医院的本质是医疗服务管理，借助智慧远程医疗这一手段，让医院突破地域和场地的限制，服务更多患者，成为居民唾手可得的医疗和保健渠道。互联网医疗在实践中已有效打通寻医问诊、处方流转、网上购药、费用支付等环节，既方便了患者，提升就医体验，也有效提升了包括医院在内的产业链协同能力。国家卫健委最新统计数据显示，截至2021年6月，我国支持线上就诊的医院已超1600家。武汉市推出"您健康"移动APP，实现了问诊、购药、支付和药物配送的一站式线上服务；山东建立全国首个省级互联网医保大健康平台；新疆克孜勒苏柯尔克孜自治州利用互联网医院实现了异地线上专家远程检查和问诊[69]；在全病程服务方面形成"云端"病友会、线上家庭医生、小程序推送手术信息等诸多模式创新[70]。

(5)面向特殊健康需求和大众主动健康管理的细分领域获得重视和发展，延展智慧远程医疗的产业链，带动传感器和物联网等技术的应用创新。

有效的主动健康管理，不仅有利于个人的未病先治，也有利于群体的控制疾病发展、降低医疗费用、减少医疗差错、高效利用医疗资源。覆盖尽可能多的时空场景，持续跟踪个体的健康指标，积累高质量的医疗健康数据是支持这些的关键。面向特殊健康需求和大众主动健康管理将是智慧远程医疗的下一个"主战场"，而它也为其所依赖的传感器和物联网技术方面的创新发展提供了应用场景和发展空间。虽然现阶段，医疗健康大数据依然面临缺乏必要标准、数据不规范、数据互通共享不畅、数据治理不足、算法不同结果差异度大等问题，例如，医疗健康物联网方面，目前多沿用通用物联网标准体系，尚未形成医疗健康领域系统化的标准体系；医疗数据合规和质量方面，医疗数据因所涉主体、业务模式、管控方式等复杂性，在现有的法律法规框架下涉及多个维度的数据保护。目前，国家相关部门已经在顶层政策、标准和数据互通共享等方面制

定政策、给出指南或发布项目给予牵引，相关领域的创新
生态也已崭露头角，使该细分领域的发展迈入快车道。

综上所述，在政策引导、需求牵引、技术支撑和生态
推动的合力下，智慧远程医疗已经获得长足的发展，并已
演化出多个细分场景和模式，如以宁波为代表的城市级云
医院模式和以北京宣武医院"eStroke 国家溶栓取栓影像平
台"为代表的面向专病的危急重症急救模式等。综合而言，
5G、云计算、大数据、传感器、物联网等关键共性技术对
智慧远程医疗的支撑仍非常重要，并已被智慧远程医疗的
相关平台、系统和设备纳入自身的组件、技术架构和服务
中，转化为智慧远程医疗服务系统中的支撑性基础设施和
远程医疗服务的生产力工具等。

4.3.2　趋势预测

2021 年 2 月，国务院发布《"十四五"数字经济发展
规划》，明确提出了"推进医疗机构数字化、智能化转型，
加快建设智慧医院，推广远程医疗"的战略方针[6]。新一
代数字技术与精准医疗等先进医疗方法的融合创新将推动
智慧远程医疗进入新的快速发展阶段。在共性关键技术的
基础上，医学数据自动化标注、多模态医学数据融合分析
与可视化、医学数据隐私保护、医学知识表达与服务、自
动化机器学习、人在回路(Human-in-the-Loop)的人机协作、
增强现实（Augmented Reality，AR）交互等关键技术将是
智慧远程医疗获得快速发展或局部创新突破的重要技术影
响因素。同时，新冠肺炎疫情的持续客观上也将促使智慧
远程医疗需求的增长。

(1)新基建浪潮下，伴随医疗技术装备的发展，医学大数据平台、医学人工智能服务平台、面向专病的智能辅助应用等智能医疗创新成果成为智慧远程医疗的关键能力支撑，将伴随智慧远程医疗协同发展。

医疗机构的医疗诊断、治疗方案选择和干预手段调整等过程大量依赖于对患者信息的全面性和综合性分析，复杂病症诊治需要影像检查、病历检查、实验室检验、基因检测以及临床表现等多源、多模态、多维数据的综合研判。上述医疗领域的复杂性恰恰是我国医疗资源分布不均衡，基层能力不足的部分原因。如何针对多模态、多维的医学数据进行表征和表示，研发高效的机器学习、建模与分析方法是解决上述问题的关键技术，也是提高临床医疗智能辅助的关键路径。而其成果具体表现为：医学大数据平台、医学人工智能服务平台、面向专病的智能辅助应用等智能医疗创新成果，它们是智慧远程医疗的支柱，智慧远程医疗也为它们的发展提供了应用场景、医疗数据和领域知识的积累。东软医疗医学设备和影像数据开放式智能服务平台(MDaaS)为基层医疗机构提供影像云存储和增值服务以及影像诊断服务[71]。平台汇聚来自全国顶尖三甲医院 200 余名专家，提供 7×24 小时的远程诊断服务，部署近 40 款智能辅助诊断工具。平台注册用户已达 3500 家，影像诊断总量超过 124 万次，其中远程诊断量 122 万次，AI 诊断 2 万余次。MDaaS 提供区域影像云平台服务，辽宁省医学影像云平台已接入医院 143 家，黑龙江医学影像平台已接入医院 17 家。专家经验与人工智能技术充分融合，信息技术缩短空间距离，为需求与供给方提供便捷的匹配调度等是该案例的特色亮点。在赋能临床诊治的同时，MDaaS 也反向推动平台内外机构医学科研关系和联盟的建立，实现"科研—成果转化—应用—数据积累—科研"的良性迭代，在医疗领域的产学研创新链整合与突破方面做出有益推动。百度智慧医疗应用电子病历结构化能力，与解放军总医院大数据中心合作，对其 20 余年百万人次的就诊记录进行数据整编和治理。通过电子病历规范化、语义标准化、专病深度结构化，高效地完成结构化病历和专病库定制，显著提高病历数据的利用效率。

(2)技术赋能的智慧远程医疗将进一步拉动医疗数据的流动和有效积累，并愈加重视医疗知识的显性化表达和人机混合智能应用的价值，促进医工融合智能医疗研究的深化与成果普及，在赋能基层医疗和推动分级诊疗的同时也将促进医疗科研的发展。

新兴数字化和智能化技术持续推动医疗信息化、远程医疗平台的升级改造和智慧医疗体系的建设和模式创新，拓展电子病历、健康档案、影像学数据等为主要载体的知识应用，产生大量基于医疗知识的深度利用需求，并为机器利用医疗知识支撑临床诊疗和科研带来新的可能。医疗数据是医疗知识和经验的载体，也是有待进一步挖掘医学知识的矿藏。远程医疗所建立的分级诊疗协作体系、服务平台、医疗合作组织等事实上为医学数据在保证隐私和安全情况下的共享、流动和利用提供了应用场景和实践框架，也使得临床医学服务和多中心医学科研均成为智慧远程医疗的后续热点以及关键价值所在。医学数据链条在可控范围内的打通是行业需求的必然结果。医疗知识是医疗行业的根基，产生的医疗数据若未转换成知识将难以被有效地二次利用，将隐性医疗知识进行显性化表达，从而支持机器对医学知识进行有效的组织和利用，并将医疗知识嵌入到业务流程之中，日益成为医疗行业未来发展的重要方向。医疗知识中台和服务化技术能够助力医疗机构进行自身医疗知识的沉淀、积累与共享进而赋能基层，更好地为远程医疗机构智能化升级奠定基础。此外，人类智慧和机器智能会不断融合，知识增强的人在回路混合智能会进一步得到重视。科技赋能下的智慧远程医疗将进一步提升基层医疗能力，促进分级诊疗落地。在政策导向与监管下，在实践中持续健康演化和拓展必将为智慧医疗的发展打开新的场景和机遇，医疗数据和医疗知识工作者在智慧远程医疗中的聚合必将释放更大的能量。

(3)后疫情时代，借公共卫生体系变革之机，政策利好驱动下的智慧远程医疗产业前景广阔，将逐渐衍生出新型的以政府为主导的区域化、城市级智慧远程医疗模式，中台和服务化架构也将持续孕育出新的商业模式和细分参与者。

公共卫生体系变革成为医疗体系改革的重要内容，利好政策的出台将有利于推动线上医疗产业进一步发展。后疫情时代，在传统的以医院机构为主导的远程医疗模式上，会逐渐衍生出新型的以政府为主导的区域化、城市级智慧远程医疗模式。如上海的"便捷就医服务"数字化转型2.0，在前期基础上，强调结合区域特色打造数字健康城区，对区域医疗服务整体赋能，打造三大未来医院，夯实数字医学高地；打造三大新兴技术示范试点，提升数字健康能力，深化拓展差异化转型建设[72]。在区域医疗中心、医联体等的规划和建设中，核心诉求是通过沉淀、传递和共享医疗数据和医疗知识，使基层医疗服务实现更好的协同化。结合了医学大数据平台、医学人工智能服务平台、医疗知识中台等的智慧远程医疗，将大幅提升基层医疗机构的诊疗能力和诊疗质量，进一步增强我国医疗服务体系的整体供给，并持续孕育出新的商业模式和细分参与者。

(4)公共卫生体系关注的重点由疾病治疗的可及性与实用性向健康管理过渡，慢病管理相关的设备和平台迎来历史性机遇。

人口老龄化和慢性病无疑是当前和未来医疗健康行业变革的关键影响因素。当前，慢病管理行业迎来许多新的参与者，鱼跃医疗、三诺生物等延伸业务链纷纷自建或合建慢病管理平台，互联网科技企业的参与使得慢病管理行业增添许多科技色彩，国家基层糖尿病防治管理办公室与百度智慧医疗合作的"国家基层糖尿病医防融合智慧管理应用示范工程"，通过医防融合智慧管理平台、规范诊疗支持平台 2 个管理平台和主动健康管理、糖尿病 CDSS、规范诊疗支持评价 3 个智能工具，打通公卫服务数据和基层医疗数据，逐步提升基层糖尿病管理能力，提高糖尿病规范诊疗达标率，打造了一个具有示范意义的慢病管理模式[73]。

4.4　智慧教育

4.4.1　技术进展

　　教育信息化先后经历了以解决资源数字化问题为主的计算机辅助教学(Computer Aided Instruction，CAI)阶段，以解决教学资源、教学场景时空制约问题为主的网络教育阶段，以解决教学过程在线化问题为主的大型开放式网络课程(Massive Open Online Courses，MOOC)阶段，目前进化到智慧教育阶段。智慧教育是融合人工智能等信息技术与现代教育理论的教育信息化范式，也是推动教育创新的变革性力量。联合国教科文组织发布了《2030年教育行动框架》，指出必须利用信息、通信技术来加强教育体系，传播知识，促进优质和有效的学习。美国、欧盟、日本等也推出一系列政策，推动人工智能与教育的融合。近年来，国内外围绕教育教学中的资源、学习者、环境等元素，开展了人工智能赋能教育的研究，如图4.6所示。

　　构建课程知识图谱，实现大规模教学资源的整合与共享。课程知识图谱是一种高效的知识组织工具，能够将海量多模态教学资源转化为结构化的知识体系，有助于提高在线学习效率、备课质量及教学资源的跨时空共享。课程知识图谱中，节点代表概念或知识点，边表示节点之间的学习依赖、因果、参考等认知关系。国际上的大规模知识图谱主要应用于Web检索、电子商务等领域，目前主流方

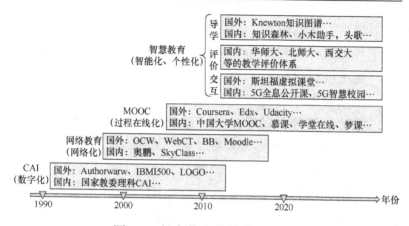

图 4.6　教育信息化的发展历程

法采用 BERT(Bidirectional Encoder Representations from Transformers)、GPT(Generative Pre-trained Transformer)等大规模预训练模型，通过主题抽取、关系抽取两个环节生成图谱中节点与边，该类方法具有跨语言和跨领域的优点。微软基于该类方法持续构建一个大规模概念知识图谱(Microsoft Concept Graph)，目前包括 540 万概念、1200 万实例及 8700 万 isA 关系[1]，其规模随着时间在持续扩大。目前，国际上并无面向教育的大规模知识图谱。西安交通大学团队首次提出了一种针对海量碎片化教学资源的课程知识图谱——"知识森林"，具有层次化主题化的优点，符合学习者认知过程。以知识森林为基础，研制出基于 BERT 模型的小样本知识森林构建工具，并构建 286 门课程的知识森林，整合了 7.7 万个知识点相关的 231 万条碎片化教学资源[2]。知识森林已被北京奥鹏、联想、西安智萃等单位用于

---

① 数据来源：https://concept.research.microsoft.com。

② 数据来源：https://old.datahub.io/dataset/knowledge-map。

高等教育、基础教育、职业培训等领域。学堂在线、网易云课堂等 MOOC 网站也构建了针对视频资源的课程知识图谱，实现规模化应用。

运用自然语言处理、跨媒体智能等技术，实现个性导学、推荐、智能问答等功能，优化大规模在线学习过程。 个性导学和推荐是根据学习者的先验知识与学习目标，为学习者推荐相关的教学资源并给出其学习的先后顺序。目前学习路径推荐的主流方法是根据用户画像在课程知识图谱中搜索路径。智能答疑是大规模在线学习的重要一环，可以极大减少教师的工作量，主要包括学习者问题理解、对话管理、答案生成等步骤。目前国际上 LineBot[74]、Agent Smith[75]、Microsoft Cortana 等系统已经可以很好地回答事实类问题，我国与国际水平持平，在中文处理方面更好，例如，清华大学与学堂在线基于大规模中英文预训练模型共同研制的小木智能助手可以提供个性化导航、学习资料推荐、知识答疑、日常聊天等服务。西安交通大学团队已经开始研究跨模态可解释问答系统，构建可进行神经机器推理的规则库来辅助答案的推理过程，不但能回答图文结合的问题，还可为提问者提供答案的解释。

研制出多维细粒度教学评价技术，推动教学评价从结果性向过程性、从单一评价向综合评价的转变。 近年来，计算机视觉、数据挖掘、自然语言处理、语音交互等技术的发展，推动教师教学效果评测工具的成熟度不断提升，逐步替代传统的线上线下问卷形式，在口语测试、习题训练、单科考试等场景中广泛应用，实现了单一知识点或单一课程一次性评价。在指标体系构建方面，华中师范大学和北京师范大学提出了针对教师在线教学的投入、促进、调控和认可等四方面和针对学生学习的认知效率、学习行为、认知成效与学习兴趣等四个方面的指标体系。西安交通大学打通课前、课中、课后的全流程教学数据，从教学大纲、教学过程多模态视音频数据、师生在线问答等数据中，发掘出教师教学行为、思政、知识组织、计划与进度、学生行为、偏好、表情、专注度与疲劳度、知识掌握等细粒度指标，实现面向师生的行为、情感、心理、认知等多维度、全方位、过程性综合评价。

建立教育大数据分析挖掘平台，实现精准采集、精准画像、精准督导、精准帮扶，为构建新型育人体系提供技术支撑。 随着 5G、Wi-Fi、物联网、云计算等技术与基础设施的快速发展与部署，OMO(Online-Merge-Offline)+智能适应模式被教育行业深度拥抱，以提升教学体验和学习效果。西安交通大学打通教育环节与部门的数据共享，实现线上线下全过程的伴随式数据精准采集与存储；并结合大数据综合分析，形成了对学生个体包含学业、消费、社交、就业等维度的精准画像；针对学生学业，结合画像、学科知识图谱和知识跟踪技术，实现学习者知识诊断、辍学预测、学业成绩预警等。"头歌"实践教学平台初步依靠智能虚拟助教开展学习内容推荐、实时评测、薄弱知识点强化等精准督导和帮扶；针对教师，分析个体与群体教学与社交活动，发现并推荐同侪，教研协同，发现教学问题，精准帮扶。总之，实现了大数据与人工智能技术在教学、管理等环节的应用，赋能教育教学管理的创新发展。

得益于人工智能、5G、边缘计算等技术，智能化沉浸

式教学、人机协同等教学形态与环境快速发展。在智能化沉浸式教学实践中，国内外智慧教育教学内容与过程的呈现方式更加灵活、多元、立体，营造出沉浸式的交互学习环境。如美国斯坦福大学在疫情期间，为学生配备 VR 头显和配套手柄，让选课学生打破空间限制，出现在同一个虚拟课堂中。然而，国外相关工作主要集中于沉浸式教学环境的构建，缺少"教、考、评、管"全流程、多协作、一体化的教育、教学场景探索。国内智慧教育则进一步将 5G 等相关技术与我国当前教学环境与过程进行了有机结合，如中国联通携手华师一附中实现了 5G 全息远程互动公开课。中国移动咪咕视讯研发了 AR 互动教学系统，通过 5G 与边缘计算，实现了师生 3D 虚拟替身的实时重建与交互，打造沉浸式互动教学环境。西安交通大学在西部科技创新港打造 5G 智慧校园，通过 5G 与人工智能赋能教、考、评、管智慧教育创新发展；在人机协同的教学形态探索中，国内外智慧教育均更精准地关注个体差异，通过人工智能技术赋能教师与学生个人特质发挥，实现规模化与个性化的有机统一。如美国佐治亚理工学院的智能虚拟助教，可以实现高准确率的问题回答，大幅减轻教师的教学负担。联想公司的 AI 虚拟教学助手，实现了智能作业批改、智能答疑、智能考试组织等功能，将教师从繁重的重复性工作束缚中解放。清华大学"学堂在线"的智能学习助手"小木"，不仅可以实现一对一学生指导，还可进一步与学习者进行聊天互动，推动个性化辅导与精准教学。

总之，中西方智慧教育侧重方向大相径庭，我国重系统化、全面推进智慧教育技术突破与应用，例如，利用图像识别、数据挖掘等技术，在拍照搜题、成绩预测、教学质量评测等应用中保持领先；利用计算机视觉、语音交互、指尖定位识别、个性化推荐等技术，在智慧课堂、个性化组卷、课程推荐等智慧教育应用与国外技术持平。而欧美重交互，如利用 VR、智能问答等人机交互技术，构建虚拟课堂、虚拟助教等智慧教育应用保持领先。值得一提的是，印度相关技术与智慧教育应用正奋起直追，处于高速发展状态阶段。

4.4.2 产业进展

在常态化疫情防控的新形势下，人工智能、云计算等技术推动智慧教育进入融合创新发展阶段。国际上，由于疫情原因，MOOC 平台 Coursera、edX、Udacity 和 Udemy 用户数快速增长，其中 Coursera 平台 2021 年注册用户数增长 27%，总数突破 9700 万。

在新冠肺炎疫情的防控期间，我国构建了世界上最大的慕课体系，截至 2021 年 10 月底，我国上线慕课数量超过 4.75 万门，注册用户 3.64 亿，选课人次达 7.55 亿，在校生获得慕课学分人数 2.91 亿人次。基础教育领域，约 2 亿中小学学生开展了居家在线学习[①]。教育部主导构建了国家智慧教育公共平台(https://www.smartedu.cn/)，支持学生自主学习和教师改进教学。总体上，我国慕课数量和慕课学习人数均居世界第一，并保持快速增长趋势。我国慕课与在线教学已处于世界领跑地位。

---

① 数据来源：http://www.moe.gov.cn/jyb_xwfb/xw_zt/moe_357/jyzt_2020n/2020_zt03/yw/202101/t20210113_509634.html。

当前，人工智能中的关键技术，特别是自然语言处理、计算机视觉、知识图谱等技术，正在深度融入教育的"教、考、评、管"全流程。例如，通过所构建的教育知识图谱，能将碎片化的教育资源组织成结构化的知识体系，据此为学生规划学习路径，提供个性化导学服务；利用自然语言处理技术，能够研制出支持智能答疑、资源推荐等功能的学习助手，解决大规模线上教学的答疑难题；利用计算机视觉技术，能够捕获课堂上学生的表情、情感、专注度等，为教学决策提供依据。

基础教育、高等教育、职业教育进入智慧化发展快车道。

如图 4.7 所示，根据 Research and Markets 的最新统计，2021 年全球在线教育市场规模约 2522 亿美元，并预测未来六年复合年增长率约9.9%，到2027年市场规模接近5218亿美元[①]。我国在线学习市场占据全球约30%的市场份额，为全球最主要的消费市场之一。根据 Daxue Consulting 同时期统计数据，2021 年我国在线教育市场规模约为 4574 亿人民币，折合美元约 680 亿[②]。

---

① 数据来源：Research and Markets, E-Learning Market: Global Industry Trends, Share, Size, Growth, Opportunity and Forecast 2022-2027，https://www.researchandmarkets.com/reports/5547178/e-learning-market-global-industry-trends-share。

② 数据来源：Daxue Consulting, The online education market in China is in a critical period，https://daxueconsulting.com/online-education-market-in-china/。

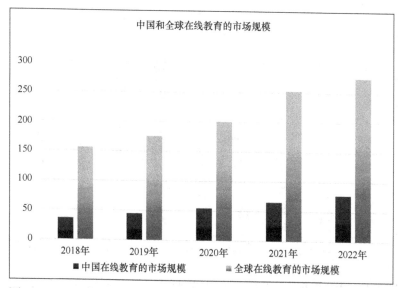

图 4.7　2018 年～2022 年中国和全球在线教育市场规模(单位：十亿美元)

　　如图 4.8 所示，受新冠肺炎疫情的影响，2020 年 3 月，我国在线教育用户规模达到峰值；随着我国新冠肺炎疫情防控常态化，大、中、小学逐步有序开学复课，在线教育用户规模开始回落[①]。

　　基础教育方面，从事 K12 赛道的教育公司数量最多，超过我国教育公司总数的 60%。但在 2021 年 7 月我国出台《关于进一步减轻义务教育阶段学生作业负担和校外培训负担的意见》后，K12 学科培训断崖式降温，市值大跌，产业开始非营利性转型。素质教育赛道异军突起，STEAM (Science, Technology, Engineering, Arts, Mathematics)教育理

---

① 数据来源：中国互联网络信息中心，第 48 次中国互联网络发展状况统计报告，http://www.cnnic.net.cn/hlwfzyj/hlwxzbg/hlwtjbg/202109/ P020210915523670981527.pdf。

图 4.8　2017 年 6 月～2021 年 6 月中国在线教育用户规模(单位:万人)

念辐射加大,个性化需求与服务提速。2021 年我国 STEAM 教育市场规模约 422 亿元,其中机器人编程类 259 亿元,软件编程类 147 亿元,科学素养类 16 亿元①。中小学信息化教学环境显著改善,持续开展"人手一端"智慧教室建设,推动大数据驱动下的中小学生信息素养评价。好未来集团基于 TalRTC 直播技术,开发智能互动在线教学系统。新东方集团创建新品牌东方创科,发展 OpenHarmony 科教项目。

　　高等教育方面,教育新基建扬帆起航,高校信息化建设迎来新一波机遇。"5G+智慧校园"打造新型学校环境,实现教育信息网络提速增智,贯通教学、考试、管理、评

---

① 数据来源:艾瑞咨询,《2022 年中国青少年 STEAM 教育研究报告》,2022 年 2 月。

价、校园生活等环节。优质教育资源开发与供给模式改革成为产业的"蓝海"。高等学历继续教育持续高位发展,2021年市场规模达 1553.3 亿元①。奥鹏教育、弘成教育、知金教育三大现代远程教育公共服务平台,占据市场主要份额,主动应变,实现个性化施教与自适应学习。

职业教育方面,2021 年 3 月,国务院通过《职业教育法(修订草案)》。人工智能技术推动"三教"(教师、教材、教法)的改革与提升是主要发力点,"1+X"证书体系逐步建立,促进职业院校、职业培训机构和企业间的合作,以项目驱动、能力定制、岗位任务导向为主要方式[76],提供"场景虚拟、流程虚拟、算法真实、模型真实、数据真实"的一体化教学设计与应用,切实提升学生职业技能水平。湖南智擎科技有限公司研制的头歌平台,为职业院校提供课程资源开发工具、虚拟仿真实验教学环境等。

4.4.3　趋势预测

现阶段研究多数局限于利用人工智能技术解决特定教学情境下既有的单一教学需求,难以形成教学方式的深刻变革。如何综合线上教学与线下教学的优势、机器智能与人类智能的优势,探索具有虚实融合、人机共融、教学相长等特点的智慧教育新范式、新技术,成为重要研究方向与发展趋势。

融合人工智能、虚拟/混合/增强现实等技术,构建虚实融合的新型教学环境,实现线上/线下教学的优势互补与良

---

① 数据来源:智研咨询,《2022-2028 年中国高等教育行业发展战略规划及市场规模预测报告》,2022 年 2 月。

性演化。新冠肺炎病毒的全球传播促使教育教学环境的转型。后疫情时期，新型教学环境将侧重虚拟教学与实体教学场景的深度融合，以学生为中心形成线上线下融合的新型教学模式。实体学习空间和虚拟学习空间的界限将进一步弱化，形成虚实融合、优势互补的教学生态环境，使老师与学生、学生与学生之间的知识探究与互动不受时空的限制，构建"人人皆可、无处不在"的智能化、沉浸式教学环境。

运用混合学习技术，综合人类直觉、推理、决策与机器搜索、计算、优化的优势，建立具有人机共融、教学相长的"教师—机器—学生"复合认知主体，为构建终身学习体系提供技术支撑。新冠肺炎疫情暴发以来，上亿中国学生居家在线学习，但依然存在由时空分割、机器智能有限等导致的情景多样难感知、认知过载易迷航、在线实践难适配、教学成效难评价等挑战，需要设计出认知行为分析、意图理解、状态追踪等过程中师、机、生间的动态任务分解系列算法，破解情景多样感知难；提出"知识引导+数据驱动"的学习规划、答疑系列算法，构造虚拟智能导师，破解认知过载易迷航难题；设计符合个体兴趣、需求、能力的群体组织与激励机制，提升个体在群体学习中的体验感和适配度；建立学习行为、测试成绩等的教学质量多元评价指标体系及综合评测方法，实现复合主体认知模型的闭环反馈与认知能力的螺旋式增强。

运用自然语言处理、计算机视觉、多模态人机交互等技术，构建具有跨模态内容理解与生成、视觉推理的智能问答系统，并进行支持跨模态内容的图灵测试，为实现因

材施教、教学相长的虚拟智能导师和助教提供技术支撑。面向学习路径规划、内容推荐、辅导答疑等典型大规模在线学习环节，需要设计智能化推荐、诱导式问答等多样化人机交互模式，研究基于"知识引导+数据驱动"的跨模态可解释问答技术，构建和研制因材施教的虚拟智能导师和助教；针对"师—机—生"复合主体的线上混合导教和个体自主学习场景，建立"导学—反馈—测试—评估—改进"一体化测试框架，形成基于大规模用户反馈统计评估的智能测试系统；开展具有文本及图像理解、自然语言生成、视觉推理等多种能力的图灵测试;构建基于可解释问答及跨模态测试技术的大规模个性化在线教学平台与服务系统。

4.5　电 子 商 务

4.5.1　产业与技术进展

电子商务是通过互联网平台进行商品销售或者提供服务的经营活动的统称。电子商务通过如图 4.9 所示的"四流"拉通产业互联网和消费互联网，实现"十大融合"。当

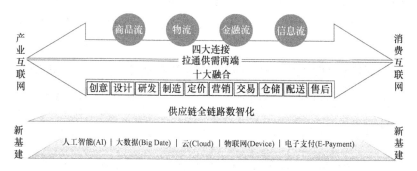

图 4.9　电子商务技术架构

前，通过自主创新、原始创新，电子商务行业实现了全链路供应链的数据治理、数据决策与价值变现，提高运营管理效率，促进产业链协同发展，打造数字生活消费新场景。

在数智化新基建支撑下，跨境电商不断优化供应链效率，促进国内国际双循环新发展格局形成。大数据、云计算、物联网、区块链等智慧化技术，精准对接电商平台、海关、检验检疫、国内外物流服务商，促进信息、资源、服务互联互通，实现供应链高效而精细化的管理，为中小企业进入全球市场提供了机遇。在逆全球化、新冠肺炎疫情持续、单边主义抬头等错综复杂的形势下，跨境电商快速增长。海关统计数据显示，2021 年我国跨境电商进出口总额达 1.98 万亿元，增长 15%，其中出口额达 1.44 万亿元，增长高达 24.5%①。数智化技术支撑跨境电商强势发展，无论智能物流仓储的穿梭分拣机器人，还是供应链金融智能风控系统，都将加速技术变革，提升服务效率。跨境电商促成的供应链群落，突破了传统线性垂直供应链的边界，形成复杂、动态化、虚实结合的供应链生态系统，达到了高效精准的执行和资源的有效利用。在新一代信息技术支撑下，跨境电商能够有效平衡供需矛盾，解决流通成本高等问题，并通过标准化、平台化供应链协同吸引中小商家涌入。

农村电商政策不断强化，培育农业农村产业新业态，助力乡村脱贫攻坚和振兴。在国家利好政策有力支持下，

---

① 数据来源：上海证券报，《海关总署：2021 年我国跨境电商进出口 1.98 万亿元 增长 15%》，https://news.cnstock.com/news, bwkx-202201-4812743.htm。

国内电商平台不断推动数字乡村建设，利用大数据、人工智能等技术推动农业供给侧结构性改革，提升农业生产经营管理效率，完善农产品安全溯源体系机制，促进数字农业发展。同时，升级改造乡村物流配送体系，推动乡村末端物流线路共享，搭载日用品、农资下乡和农产品双向配送。电商平台凭借自身影响力，积极推动农产品品牌建设、产业链标准体系，提升农产品的附加值，建立适应于农村产品网络销售的渠道，提升农产品供应链水平。直播、社区团购等新模式，缩短了生产方和消费者之间的链路，提升了供销效率。新华社最新数据显示，2020 年全国 832 个国家级贫困县网络零售总额近 3014.5 亿元，同比增长 26.0%[①]。农村电商为农副产品销售拓展出新的销售渠道，传统的农贸市场集散地的销售方式转变为农户直接面向终端消费者，推动农村居民以农产品销售创业，实现增收致富。

　　分布式云端存储与实时计算引擎支撑电子商务大数据治理，实现万亿交易数据实时分析计算，服务数据资产价值获取、业务模式创新和经营风险控制。新一代数据平台架构逐步在电商企业中成熟落地，促进数据仓库与数据湖技术相互融合，优势互补。低成本、高可用的统一存储架构，简化数据建模与转换过程，支持结构化与非结构化数据，更加开放。存算分离，减少数据搬迁，保证数据可靠性、一致性和实时性，灵活易拓展。批流一体式计算引擎

---

① 数据来源：新华社，《2020 年全国 832 个国家级贫困县网络零售总额超 3000 亿元》，http://www.gov.cn/shuju/2021-01/28/ content_5583360.htm。

和范式，满足多样化数据查询分析需求，查询性能更优。电商大数据中台，实现数据价值驱动业务增长，通过业务梳理、统一指标，构建电子商务数字化运营分析体系，为提高日常运营管理效率、优化业务和辅助决策提供支持。全域多维数据联通，消除数据孤岛，数据分析及时准确，能够支撑业务的快速创新。低代码的易用性，降低了数据技术门槛，业务部门通过图文报表即可洞悉数据规律及背后揭示的业务趋势。高效可靠实时大数据治理，为电子商务业务高速发展提供了基础，同时电商企业不断将优秀的技术与架构开源共享，与社区开发者共同促进技术的发展。

　　大数据与智能推荐算法相结合，协助电子商务精准触达目标消费者，带动消费高质量发展，培育高品质数字生活，推动国货品牌热销。移动互联网，已经成为人们日常生活的一部分，社交、购物、学习、休闲都离不开网络，呈现形式也越来越多样化、碎片化，随之涌现出拼购、团购、直播购物等适应新发展趋势的电商购物新模式，提供新颖且优质的服务体验。这些零售电商新模式成功的背后是大数据智能推荐算法，深度洞察和理解消费者，能够结合用户的兴趣内容，个性化推送相关的商品推荐，实现消费者页面"千人千面"，提升服务品质。同时，品牌方也能利用电商丰富的数据发现蓝海人群，避免陷入同质化用户竞争，在互联网流量红利逐渐消失的现状下，这有利于实现品牌销量和消费者的同步增长。

　　新一代信息技术赋能电商服务业，服务水平进一步提高，提升用户购物全流程体验。语音识别、语音合成、语义理解、视觉分析等 AI 技术的发展和应用，使机器能够理解用户、理解任务和理解场景的难题得到改善。通过智能化电话外呼、语音导航、在线客服等多种人工智能客服产品形态，保证 7×24 小时在线解答用户问题，行业智能客服技术与应用趋于成熟。并随着技术的发展，电商服务场景从物流配送、商品退换等被动应答的售后场景，逐步拓展至商品比较、卖点推荐等主动营销的售前场景，全方位服务电商消费者，提供优质拟人化人机交互服务。智能客服还能够指导客服系统管理及优化，降低了服务运营成本，在客服服务方面为电商的发展提供了有力保障。

电子支付(尤其是移动支付)发展迅猛，渗透率和用户规模全球第一。根据中国人民银行的统计数据，2014 年～2021 年我国电子支付的年均复合增长率为 35%，2021 年电子支付业务量达到 2749.69 亿笔，电子支付业务金额达到 2976.22 万亿元，其中，移动支付业务量又占支付业务总量的 55.0%。电子支付不仅改变了人们的日常生活方式，也是电商发展的前置条件和高效运营的基础保障。电子支付工具多元化，既有官方的数字人民币，还有支付宝、微信支付、京东支付等第三方支付服务。不断完善的监管体系、网络安全和区块链等技术保证了电子支付的安全性。刷脸支付、指纹支付则提高了电子支付的易用性和便捷性。此外，多元、易用、便捷、高效、低成本的电子支付的普及还支撑了无界零售、农村电商、社交电商、跨境电商等多种电商新模式。

4.5.2　趋势预测

电商平台不断发挥自身在产业升级、技术创新的引领作用，有序共享开放数据、技术、人才、渠道等平台资源，推动新思维、新技术与产业链有机结合，加快创新成果转化，推动数字生活消费场景创新，促进提升新的生产力发展。

人工智能技术与数字化技术的深度融合，将有助于提高需求预测的准确度、实现智能补货与调拨和库存优化与均衡，将助力供应链效率提升。预测能力不足常导致供应链库存量居高不下、周转慢、效率低、用户体验差、复购率低等问题。电商企业的历史销售数据更加详细和整齐，能够充分反映每个消费者的购买习惯、成交价格、成交数量等特征。基于机器学习与优化技术研究智能化的库存管理，能够对消费者的购买需求进行精准预测，围绕周转天数、现货率、满足率这几个业务指标，驱动运营与库存管理策略的不断优化和运转。需求预测与供给协同，实现利润导向的现货与周转平衡合理化，提高企业库存管理的精准度，减少急单和调拨，减少缺货，达到供需平衡，让整个供应链上下游串联得更好。

大数据融合与汇聚技术将进一步推进商产融合，拓展电商数字化赋能新赛道，助力产业数字化转型。随着消费升级，设计理念先进、款式功能新颖、外观时尚的商品更能获得消费者的喜欢。这需要市场能够快速反应，能够满足社会大众对于新功能和个性化产品的需求。深度神经网络学习推动 Aspect 级情感分析、实体与关系抽取等技术为海量非结构化消费侧数据分析提供途径，促进电商平台评价、咨询、搜索等非结构化信息解析及分析能力的提升。从用户的洞察中分析商品的体验与需求，获取消费时尚新潮流，以电商需求为牵引生产出真正符合消费者需求的产品。同时，在理解用户的基础之外，可控文本生成技术能够融合知识与多模态信息，依靠大规模预训练语言模型的成果生成电商导购短文，帮助消费者找到称心如意的商品。这种由机器创作出的短文，能够充分利用挖掘出的更精细粒度用户画像信息，能够实施洞察消费者情绪或喜好的变化，有效提升营销转化率，同时也为消费者创造出社交电商等新的体验形态。

计算机视觉 3D 建模与扩展现实技术相结合，将促成电商商品展示的革命性变革，提供全新购物体验。计算机视觉技术发展将快速推动参数化/非参数化 3D 商品重建，可在中低成本下进行快速精确的 3D 形状纹理建模，支持大规模商品数字 3D 形象库的构建。电商平台的商品 3D 形象模型，能够渲染出商品表面材质与纹理信息，能够超高清无压缩展示商品细节。用户在电商平台浏览商品时，借助于扩展现实技术，能够突破时空的局限，结合动作与不同场景背景，实时进行商品交互，例如，进行服饰商品试穿试戴、电器商品使用操作、家具商品搭配摆放等交互体验。拓展现实下的 3D 商品浏览，提供了沉浸式购物式体验，源于线下实体购物体验，但灵活性、便利性优于实体购物体验。

拟人化人机交互技术将推动"数字人客服"在声音、动作、表情、思维四个方面实现拟人化突破，升级电商客服新体验。通过计算机图形学、语音识别与合成、语义理解与对话策略等技术，建模并驱动效果逼真的"数字人"形象，全双工实时交互，根据语音、节奏和感情色彩生成准确的口型和动作，音唇精准同步，表情动作丰富逼真。

同时，"数字人"在情感传递、语义理解、交互思维方面的智能水平，也进一步提升，能够结合场景需要完成复杂任务。电商"数字人"客服全面支持线上移动终端与线下电子大屏等全渠道接入方式，提供贴合业务场景的服装道具、逼真拟人的人物形象、自然流程的交互动作，实现高沉浸感和拟人化、7×24小时全时段、低运营成本、高质量客户服务，重塑了电商客服的形态、方式和体验。

在合规安全地使用数据、保护个人隐私的前提下，联邦学习等隐私安全技术将促成电商数据的跨平台价值流通及数据价值深度挖掘。电商领域包含衣、食、住、行、玩等不同场景，通过整合不同场景间数据维度的区别与联系，能够实现跨场景营销推荐，提升转化。然而，往往不同场景数据来自不同的电商平台，缺乏联通、相互割裂。只有通过不同电商平台间多维度的数据才能构建更立体的用户数据，实现资源的优势互补。大数据数据湖体系架构为大规模异构多源数据分析提供了技术与平台支撑，数据资源共享开放、交流互通的需求日益增加，为解决好数据的开放与个人隐私包含的矛盾，颁布实施的《中华人民共和国数据安全法》对电子商务企业合理合规使用数据的要求也更加严格和细致。联邦学习通过横向学习不一样的样本数据或纵向学习样本有重叠但特征不一样的数据，既能够解决客户端用户数据安全问题，又能够解决企业端企业之间的数据孤岛问题。利用联邦学习可以帮助电商平台在广告领域多维营销策略建模和金融风控领域个人信贷评估等方面发挥作用。

4.6 智慧农业与数字乡村

4.6.1 产业与技术进展

智慧农业是以信息和知识为核心要素，通过现代信息技术和智能装备等现代工程科技与农业深度跨界融合，实现农业生产全过程信息感知、定量决策、智能控制、精准投入、个性化服务的一种全新农业生产方式，是数字乡村建设的重要内容[77]。智慧农业融合了农业生物技术、信息技术、农业智能化装备当今世界三大生产力要素，已成为现代农业领域最活跃的生产力[77]，在提升农业生产经营管理精准化水平、实现传统农业生产工具智能化转型升级，以及创造数字经济产业价值等方面起到至关重要的作用。

随着数字科技在农业农村领域的融合应用，涌现了无人农场、农产品智能加工车间、农业区块链溯源、农业农村大数据智能服务、乡村数字治理等一大批应用场景。其中，无人农场是新一代信息技术应用最热点的领域之一。无人农场是指采用新一代信息技术，对设施装备进行远程控制或机器人控制，实现农场全天候、全过程、全空间生产作业少人化的模式[78]。"无人农场"不是指完全没有人参与，而是通过"智慧化"实现"少人化"。近年来，全国多地相继开展了"无人农场"的战略布局和研究应用。2021年上海市提出将打造 10 万亩无人农场，广东省提出"十四五"期间将打造 10 个大湾区无人农场；天津、河北、山东、黑龙江、吉林等省市也在陆续推进"无人农场"试点示范。

根据中国工程院罗锡文院士的预测，面对日益短缺的农业劳动力，预计 5 年(2025 年)后我国无人农场将进入推广阶段，10 年后推广速度将进一步加大[79]。

　　农业传感技术广泛应用，已成为无人农场的"电五官"。农业传感技术能够实时、稳定、高效地获取农业信息，是无人农场健康运行的基础。现阶段农业传感器主要集中于农业环境感知传感器、动植物生命信息传感器、农机传感器、农产品品质与质量安全传感器等领域[77]。一是农业环境感知传感器，主要用于农业环境信息感知，常见的有光照、温湿度、水分、气体浓度、雨量、土壤、热辐射等环境传感器。例如，国家农业信息化工程技术研究中心赵春江院士团队在国际上首次提出了土壤氮素的 LIBS 光谱传感方法，并成功研制了第一代样机，此外还研制了基于二极管激光光谱的畜禽舍多参数气体传感器，涵盖三种粉尘、四种气体，精度、测量范围均处于国际领先水平。中国农业大学联合多家单位研制了包含溶解氧、氨氮等九种参数在内的"水质参数原位在线监测传感器"，免维护周期是国外同类产品的两倍之多[80]。二是动植物生命信息传感器，主要用于动植物表型及其生理信息的感知。例如，浙江大学将柔性穿戴电子技术应用到植物体表，成功研制了植物可穿戴茎流传感器，能持续监测草本植物体内水分的动态传输和分配过程[81]。富华科技公司基于加速度传感器和 AI 算法自主研发的智能蓝牙耳标，可分析出动物饮食、奔跑、行走、休息等行为状态，其工作原理是通过微封装技术，能将体温传感器内置于耳标颈处获取动物耳朵内部温度，实现动物行为分析和体温测量。三是农机传感器，主要对农机工况、农机作业状态等进行感知，可分为发动机油耗、转速等工况传感器，农机位置监测传感器，以及耕地、播种、管理、储运等作业监测传感器等。四是农产品品质与质量安全传感器，主要对农产品内外部品质、安全情况进行感知，包含农产品营养成分检测传感器、农产品外观检测传感器、农产品安全检测传感器等。例如，江西绿萌科技控股有限公司自主研发了水果专用光谱仪 Infruscan2.0，成功解决了绿皮果及厚海绵层穿透障碍等问题。中国农业大学自主研制的水果快速无损检测仪器，能够在不破坏苹果和鸭梨组织的条件下对其质量实现快速分析判断，与国际同类检测方法相比具有正确率高、设备简单易用等优势[82]。

　　农业物联网应用体系初步建立，构成无人农场的"神经网络"。作为智慧农业的基础，农业物联网连接着智慧农业的"端"和"云"，通过对信息的感知、传输、处理、应用，实现了农业生产的个体识别、情景感知、决策支持等，为智慧农业提供精准的数据支持。近年来，在国家和农业农村部的大力推动下，我国农业物联网信息传输技术快速提高，信息处理技术实现了智能化升级，应用领域不断拓宽，初步建成"空—天—地"一体化观测体系，为智慧农业的预测预警、智能控制提供支撑。一是农业物联网信息传输技术快速提高。伴随 5G 通信技术、远距离无线电技术、窄带物联网技术、超窄带技术等新型关键通信技术和组网模式的应用，我国农业物联网的传输速度不断加快、传播距离不断拓宽、传播能耗不断减少、通信成本不断降低。如江苏省家禽科学研究所综合运用移动物联、5G 等技术，搭建了禽病远程网络诊断云平台，能够对禽病实现及时、快速、便捷诊断[83]。二是农业物联网信息处理技术实现智能化升级。针对农业物联网传输过程中产生的海量多源异构数据处理需求，大数据挖掘与人工智能技术的研发运用，提升了农业物联网对各类农业活动信息的存储、加工和挖掘效率，实现了智慧农业信息的高效传递、智能分析和应用[84]。如北京金福艺农集团集成应用农业物联网信息处理技术，通过安装二氧化碳浓度和土壤水分信息采集设备、自动灌溉系统、病虫害预警系统、成熟度预警系统等联网设备，减少了园区内60%的水、肥用量，节约人工70%，作物品质不断改善[85]。三是农业物联网实现了"空—天—地"一体化的农情监测。我国北斗卫星导航系统和农业无人机装备的日趋成熟，构建了集卫星遥感观测、无人机近地监测、物联网环境实时监测于一体的"空—天—地"一体化农情监测信息网络，实现了智慧农业的农情实时监测、精细管理与统筹规划。如中科院建立了全球农情遥感速报系统(CropWatch)，能够在四种空间尺度、四种时间分辨率、五种空间分辨率下，对农业气象、作物长势、作物产量等14个指标进行遥感观测，实现"地块—村—镇—县—市—省—国家—全球"多层级监测预警[86]。

　　深度学习、新材料、仿生学等与农业机器人技术深度融合，推动农业迈向无人化/少人化，是无人农场的操作台。"谁来种地，怎样种地"是我国和全世界农业生产面临的共同难题。随着我国城市化发展，预计至2050年农业劳动力占比降至 10%以下①②，亟须加快现代农业"机器换人"进度。引入农业机器人技术，有利于有效解决农村生产效率低、劳动力流失等问题[87]。据美国商业资讯的预测，2020年全球农业机器人市场规模近 74 亿美元，预计 2025 年将达到 206 亿美元，年复合增长率 22.8%[88]。

我国农业机器人的研发应用主要集中在无人植保机、无人拖拉机、智能收获机、智能除草机和挤奶机器人等领域。目前，针对快速无损作业、复杂农业环境感知与导航、复杂场景下的目标探测、农业机器人特殊设计方法等农业机器人关键技术，我国已取得积极进展，以植保无人机、无人驾驶拖拉机、挤奶机器人等为代表的农业机器人进入规模化应用阶段[88]。如图 4.10 所示，以植保无人机为例，2020 年我国植保无人机的市场保有量达 10 万架、作业面积突破 10 亿亩次。其中，大疆农业植保无人机 T30 每小时可喷洒大田 240 亩，其作业效率是人工的 100 倍③；华南农业大学研制的无人驾驶水稻旱直播机，可节水 30%以上、节肥 15%以上，在旱地作业速度可达 18km/h，路径跟踪控制精度稳定在 2.5cm，可实现不重耕、不漏耕④；北京市农林科学院智能装备技术研究中心攻克了农机北斗自动导航

---

① 数据来源：赵春江，李瑾，冯献，面向 2035 年智慧农业发展战略研究，中国工程科学，2021，23(4):1-9。

② 数据来源：黄季焜，胡瑞法，易红梅，等，面向 2050 年我国农业发展愿景与对策研究，中国工程科学，2022，24(1): 11-19。

③ 数据来源：大疆农业服务平台，https://www.dji.com/cn/ag- platform。

④ 数据来源：罗锡文，无人农场是数字农业的实现途径之一，大数据时代，2021，(10): 13-19。

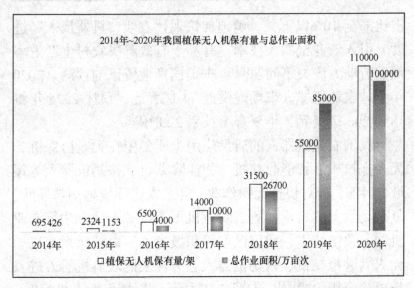

图 4.10　2014 年～2020 年我国植保无人机保有量与总作业面积①

与作业精准测控等关键技术，被中国科协智能制造学会联合体和国际智能制造联盟列入 "2020 世界智能制造十大科技进展"；中国农业大学研发的垄作草莓收获机器人，基于机器视觉的草莓果实的信息获取与处理方法，解决了相互接触、重叠、遮挡果实的目标识别算法问题，全采摘过程能够实现零损伤[89]；峪口禽业研发的禽舍蛋鸡健康状况巡检机器人，通过对可见光、热成像、声纹信息等多模信息进行融合分析，可实现禽舍蛋鸡的全程无人巡检；京东数字科技集团采用 AI 养牛，节水效率可提高 60%，同时产

① 数据来源：谢尧庆，邓继忠，叶家杭，等，基于 5G 的无人机图传及在植保无人机的应用展望，中国农机化学报，2022，43(1): 135-141。

奶量可提升 30%[①]。

基于大数据与人工智能的无人农场智能管理平台的研发应用，让农业生产管理决策更加精准、高效、智能。无人农场智能管理平台，是指基于大数据与人工智能算法，将农场生产、经营、管理服务各环节信息纳入实时管理、可视化监控和大数据分析的信息化管理系统，主要用于数据的存储学习，数据处理、推理、决策的云计算，以及作业指令的下达[90]，被称为无人农场的"大脑"。例如，碧桂园自主研发的智慧农业智控管理云平台融合了互联网、物联网等高新技术，具备基础数据采集、传输、分析、加工、处理、决策等软硬件一体化技术，以及算法模型开发、大数据分析等功能，不仅能指挥无人农机设备实现自动控制与精准定位作业，同时还能进行数据信息的采集分析整理，实时监控作物生长情况，避免病虫草害的发生，从而实现农场管理运营的无人化。

4.6.2　趋势预测

新一代信息技术在农业领域的广泛应用，将助力加速传统农业向现代农业转型升级，并在加快实现农业生产效率、土地产出率与资源利用率"三率"提高的同时，保障粮食供给保障安全和重要农产品质量安全，促进我国农业国际竞争力提升。截至 2020 年 12 月底，我国农业数字经

---

① 数据来源：同花顺财经，京东数科与首农畜牧等企业达成智能养牛深度合作 数字科技让养殖行业"牛起来"，https://baijiahao.baidu.com/s?id=1650050824677846798&wfr= spider&for=pc。

济规模达 5778 亿元，预计 2025 年将达到 1.26 万亿元①，如图 4.11 所示。

图 4.11　2016 年～2050 年我国农业数字经济增加值(单位：万亿元)

　　大数据的实时化处理与可视化应用将渗透到农业农村建设各领域。"以数据驱动为核心，具有计算机智能"的数字农业农村大脑，将成为推动农业生产的智能化、作业的精准化、管理的数字化、服务的网络化的重要基础支撑。大数据技术的应用将不再局限在农业生产过程决策，而将全面渗透育种、生产、加工、配送到消费者餐桌，再到废弃物处理等农业全产业各环节，甚至延伸至农村环境整治、数字乡村建设与乡村民生保障等乡村建设全方位，体现出信息科技对农业产业发展与乡村治理的支撑作用。与此同时，田间地头/池塘/畜舍数字化转型将进一步加大，5G、专用卫星、数据中心、智慧冷链设施以及高效低成本算力

---

　　① 数据来源：农业行业观察，中国工程院院士赵春江：农业数字经济规模 2025 年将达 1.26 万亿，http://www.yidianzixun.com/article/0SbPJpOV。

设施等新基建在农业农村的部署范围将进一步拓展，数字孪生、VR/AR/MR 等技术将得到进一步应用，为农业农村大数据获取与处理提供更加全面、精准、智能的服务。

无人化应用场景将覆盖农业全产业链。5G、人工智能、大数据、物联网等技术的不断更新，加速了人、机、物的三元融合，推动农业无人化、少人化作业场景迅速发展，大幅提高农业生产效率、优化农业分工、改善农业各环节链接效能。面向未来，新一代信息技术将凭借其强大的流程再造能力，推动农业迈入更加精准、更加智能的数字化新时代，尤其在农业农村数字经济快速发展的推力下，无人化应用场景将由农业生产无人化向农业全产业链无人化发展转变，届时将催生新型"混合现实"农业工厂(基地)、智能种养生态循环、"5G+区块链"透明农场、农产品智能加工车间、农产品无人机物流等一批农业无人化新场景、新模式，除此之外，无人农场/牧场/渔场、植物工厂等模式将得到更大规模的推广与应用。

农机智能装备技术产业化、规模化应用将成为农业数字经济增长的重要引擎。实现农业现代化的关键在于减少作业人员、提高作业质量效益。在农村劳动力急剧降低以及土地规模化发展的趋势下，尤其是在新冠肺炎疫情防控常态化的背景下，无人驾驶拖拉机、除草机器人、采摘机器人、畜禽舍健康状况巡检机器人、畜禽舍清扫机器人等农机智能装备，将愈加发挥举足轻重的作用，对农机智能装备产业的需求更加强烈，以此倒逼以农业专用传感器与芯片、智能农机装备、农业机器人等为核心的农业智能装备技术产业化发展与规模化应用。尤其针对农机智能装备工作场景复杂多样问题，融合深度学习技术、触觉反馈技术、人机共融技术等技术，具有柔性设计的农业机器人执行部件将取得重大突破，农机智能装备的感知决策能力、执行能力与作业效率也随之大幅提高。以无人农场为代表的农业新产业新业态将大大推动农业数字经济的发展。

4.7　自动驾驶

4.7.1　产业与技术进展

自动驾驶是指综合运用人工智能、视觉计算、传感器和全球定位及车路协同等技术，使车辆具备环境感知、路径规划和自主控制的能力，从而使得车辆具备在不受人干预的情况下自动安全地驾驶的能力[91]。自动驾驶是多学科、多产业链环节共同推进发展的技术，目前主要包括单车智能和车路协同两大技术路线。单车智能技术路线主要通过融合多传感器感知道路周边环境信息，结合高精地图和高精度定位实现路径规划。车路协同技术路线则是在单车智能基础上，结合道路感知和车载定位设备对道路周围环境进行高精度实时感知，实现车与车之间、车与路之间以及车与人之间的信息交互。

基于单车智能的自动驾驶技术主要依靠车载传感器设备完成对周围环境的感知和探测。环境信息输入后，通过人工智能算法对数据进行处理和分析，并做出合理决策。感知环境的基础是传感器硬件设备，原始数据输入的质量越高，则后数据续处理和分析的难度就更低。获取高质量自动驾驶感知数据，需要高性能传感器的支撑。不同传感器的原理和功能各不相同，可以发挥不同场景下的感知优势。通过多种传感器分别获取不同的局部信息，相互补充、共同提高感知系统的容错性，是保证自动决策效率和准确性的一种重要方式。车载传感器主要包括激光雷达、毫米波雷达、超声波雷达、摄像头，以及用于定位和导航的全球导航卫星系统和惯性测量单元。除了这些主动式的探测元件之外，自动驾驶的环境感知也离不开全局数据的协同辅助，高精度地图是自动驾驶系统的重要组成部分，可以帮助车辆在传感器实时环境感知的基础上，提供全局视野。高精地图与高精定位能够为自动驾驶车辆提供预先的道路信息、实时的车辆位置信息和丰富的道路环境信息。

　　自动驾驶的决策规划系统负责汽车的寻路、行为决策和动作规划等。决策规划系统需要具有理解认知力，即基于感知系统搜集的信息，准确理解车辆的周边环境和进行车辆的精确定位，从而选择合理的路径。自动驾驶系统的控制系统负责将决策和规划转化为车辆行为。

　　行业内一般将自动驾驶技术路线分为"渐进式"和"跨越式"两种。其中，采用"渐进式"技术路线的典型代表是美国的特斯拉公司，依靠纯视觉实现其感知方案，将车身四周的多个摄像头获取的不同视频数据直接进行融合，然后用同一套神经网络模型进行训练，实现特征从二维图像空间到三维向量空间的变换。在去掉激光雷达、毫米波雷达等传感器之后，整车成本相对更低，因此商业化能力更强。特斯拉从 L2 开始，通过销售的车辆来实现大量的场景数据采集，不断优化其算法，同时依托完善的数据闭环体系和仿真平台实现自动驾驶能力的迭代升级，进而逐渐过渡到 L3、L4 级别的自动驾驶。Waymo 公司采用的是从 L4 级别的自动驾驶技术研发开始的"跨越式"技术路线，Waymo 公司在旧金山、凤凰城开展无人驾驶出租车业务并对种子用户/公众开放。除此之外，国内的高科技公司也在不断探索更为有效的技术路线，以便更好地解决国内市场多元化的、特殊性的应用场景问题。例如，百度公司在多种技术路线上都有所创新。在单车智能路线上，百度结合了"渐进式"和"跨越式"的优势，选择了"技术降维、数据反哺"的技术路线。百度在研发上始终面向"无人化、全工况"的最复杂场景，对 L4 级别以上的自动驾驶技术展开攻关，又同时兼顾了可行的落地方案。在道路测试中，逐渐扩大道路场景的复杂度，在实际运营中不断完善算法和技术，逐步扩大自动驾驶车辆的服务范围。

(1)现阶段我国自动驾驶产业发展处于全球领先地位，相关传感器、导航定位、自动驾驶设备平台，以及车路协同等技术和系统发展迅速。

目前,我国政府已颁布《汽车产业中长期发展规划》《智能汽车创新发展战略》《中国制造 2025》《交通强国建设纲要》《新能源汽车产业发展规划(2021-2035 年)》等一系列智能网联汽车发展战略规划文件。纵观国内外，自动驾驶相关技术研究、测试示范、法规标准等都处于探索和起步阶段，我国在相关领域上发展迅速，总体上处于第一阵营。总体来说，在传感器和芯片领域，我国虽然起步晚、基础较薄弱，但行业规模增速快，加上算法技术的演进，大大降低了对高性能激光雷达的依赖。与此同时，人工智能、车联网、传感器以及高精度地图等领域的技术不断取得突破。基于深度学习的计算机视觉算法已经成为自动驾驶感知的主要算法,带来了场景、目标、行为意图检测、分割、跟踪及识别精度的大幅度提升。尤其是在极端复杂条件下的道路感知与识别,比如积水积雪路面下的道路感知、障碍物识别、护栏检测等,算法能力的提升能够大大提升自动驾驶的安全性与可用性,从而加速自动驾驶商业化落地的进程。我国自动驾驶的产业链正在逐步完善,而且一些高科技企业已经具备系统全栈研发能力,总体上呈领先态势。

国际上,美国目前还是以单车智能模式为主,为了保持其国际领先地位,美国交通部积极推动顶层规划,开展自动驾驶技术的研究、测试验证和商业化应用探索,并开始重视车路协同技术。但是尚缺乏强力推进基础设施建设的政策,且试点和示范不足,落地运营的缺乏一定程度上阻碍了其商用的进程。欧洲和日本在传感器元器件方面具有一定的优势,也非常重视车路协同技术的发展,日本在基础设施建设方面非常积极,但重点集中在驾驶安全和交通效率提升等方面,面向无人自动驾驶的技术探索受限。截至目前,我国多个自动驾驶企业已在多个城市对公众开放运营。对比美国头部企业 Waymo,目前仅凤凰城对公众开放,旧金山只对种子用户和部分员工开放。

我国充分发挥体制机制以及技术产业优势,在产业协同层面,推动汽车行业和 5G 以及 ICT 产业协同创新,建设高等级智能道路基础设施。得益于丰富的应用场景和高效的 5G 通信网络的部署,我国车路协同相关技术也得到了长足的发展。车路协同技术通过信息交互协同、协同感知与协同决策控制，使得路测具有独立的 L4 级自动驾驶能力，能够提供高质量的服务体验、全要素感知、低延时计算、车道级指标细化智能调控，极大地提升了应对复杂交通环境的能力。值得一提的是，自动驾驶技术在 2022年北京冬奥会期间身影频现。百度"汽车机器人"和五代车参加冬奥火炬传递，这是奥运历史上首次有无人驾驶汽车参与火炬传递，展现了我国的科技实力。除此之外，百度、美团、京东、新石器、智行者等众多自动驾驶公司一起，在首钢园区内提供 Robotaxi 接驳、无人零售、无人环卫等服务，用实际行动展现"科技冬奥"。

基于车路协同的自动驾驶技术路线是我国在该领域的技术亮点，如图 4.12 所示，随着自动驾驶研发投入的不断增加，投入产出比呈边际效益递减的趋势，可以加快单车智能向协同和群智过渡，从加速规模化商业落地的进程。

(2)自动驾驶政策、法律法规和标准逐步制定与完善，为规模化部署奠定重要基础。

自动驾驶作为一个新型产业，需要不断制定和完善相关的政策、法律法规和标准，从而保证自动驾驶技术加速演进和推动产业快速发展。

自动驾驶技术在发展的同时，相关的标准制定同样至关重要。国际上以 ISO、SAE、UNWP29 为代表的全球化标准化组织机构有针对性地出台了自动驾驶相关的标准，在自动驾驶相关标准的制定方面也处于世界领先水平。我国一方面加强标准的顶层设计；另一方面也在积极推进国际标准及国家标准的法规协调。

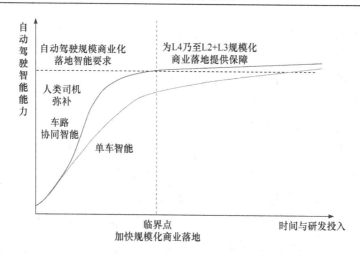

图 4.12　基于车路协同的自动驾驶和单车智能路线的发展路径演进
和比较[①]

　　近年来，我国各部委持续推进自动驾驶相关监管体系建设，从顶层设计和地方探索两个维度，加强制度设计、测试与保障体系建设。在国家顶层设计的推动下，地方政府相继开放了自动驾驶道路测试和示范运营区域，助力产业发展。截至 2021 年 11 月，全国已有 38 个省/市出台管理细则，先后建设了 70 个测试示范区，开放了 5200 多公里测试道路，发放了 1000 余张测试牌照[②]，自动驾驶道路测试取得了阶段性进展。企业积极参与无人驾驶的研发，包括红旗、长安、北汽、吉利等汽车厂商，华为、中兴、大唐等通信领域企业，以及百度、阿里、腾讯等高科技互

---

① 数据来源：清华大学智能产业研究院，百度，面向自动驾驶的车路协同关键技术与展望，2021。

② 数据来源：中汽中心，同济大学，百度，自动驾驶汽车交通安全白皮书，2021。

联网企业。在资本和技术的双重推动下，涌现了非常多优秀的初创企业，如小马智行、新石器、智行者等。目前自动驾驶规模商业化和测试运营也取得了一定的落地成果，并保持快速发展。以百度为例，截至 2022 年 3 月，百度自动驾驶道路测试里程已累计超过 2500 万公里[①]。在政策法规的大力支持下，我国自动驾驶企业将迎来更多有利发展机会，并在全球自动驾驶行业中继续领跑。

(3)随着全球主要国家的战略规划以及资本市场的支持，自动驾驶产业生态逐渐繁荣，商业化探索进入新阶段。自动驾驶技术在车厂量产乘用车上使用、共享无人车服务扩大的趋势下，加快汽车从产品属性到服务属性的跨越。出行服务成为现阶段自动驾驶商业化落地的最主要赛道。

随着技术研发不断取得突破，带动自动驾驶综合能力不断加强，为场景商业应用奠定了坚实的基础。自动驾驶技术的商业化应用包括自动驾驶出租车(Robotaxi)、高速干线物流、末端配送、矿山和环卫等几大场景，也包括量产乘用车的 L2+L3 级智能辅助驾驶。中金公司的研究表明，Robotaxi 及高速干线物流具有万亿级别的市场规模，末端配送、矿山等具有百亿～千亿级别的市场规模[②]。

Robotaxi 发展方向是实现汽车的完全无人驾驶，并实现大规模的商业化应用，能够为乘客提供更加实惠的出租车服务。Robotaxi 是全面验证自动驾驶系统的功能、性能

---

① 数据来源：百度"驶向未来之路"Apollo Day 技术开放日，https://mp.weixin.qq.com/s/51sqlJ4ZT19EW-bT_iaFjw。

② 数据来源：胡誉镜，彭虎，场景先行，高级别自动驾驶商业化加速落地，中金公司，2021。

以及安全能力的重点应用，也是目前自动驾驶落地的最主要赛道，其普及将助力提升交通运力，推动出行的便捷化和共享化。当前自动驾驶企业紧跟政策，从技术测试到落地运营，从免费到商业化收费，不仅实现了技术进步，也实现了商业落地。北京、上海、广州和深圳等城市陆续出台推动 Robotaxi 发展相关的规范和文件。以北京为例，从 2017 年底开始，陆续推动自动驾驶企业从普通道路测试到无人化测试，从测试到商业化运营。截至 2021 年底，已有 16 家测试主体(含 8 家互联网测试主体、7 家主机厂和 1 家地图厂商)共计 170 辆车,参与北京市自动驾驶车辆通用技术测试[①]。2021 年 11 月底，我国首个自动驾驶商业化试点落地北京亦庄，当前已有近 100 辆"萝卜快跑"自动驾驶车辆在北京亦庄提供服务,覆盖 60 平方公里的范围[②]，这标志着我国自动驾驶行业正式迈入商业化试点阶段。

　　高速干线物流是无人驾驶落地的另一个规模化应用场景。一方面，高速干线道路结构相对统一、交通参与者数量有限、场景相对简单，自动驾驶技术落地的难度相对城市场景而言更低；另一方面，长途货运长期面临货车司机不足的问题，对无人驾驶技术应用有强烈需求。中金公司的研究显示，截至 2019 年 5 月，我国货车司机总量已经连续五年下降，总体缺口高达 16.5%，部分地区甚至高达 20%。无人驾驶技术的应用，能够有效减少对于货车司机

---

① 数据来源：北京市自动驾驶测试管理联席工作小组等，北京市自动驾驶车辆道路测试报告，2021。

② 数据来源：北京首个高级别自动驾驶示范区推动商业化场景落地，https://www.chinanews.com.cn/cj/2022/02-11/9674253.shtml。

的需求量，解决劳动力不足的问题。此外，无人驾驶货车在控制油耗、提高货物运输效率方面也更有优势。

另外，伴随着新能源汽车渗透率的快速提升，量产乘用车的智能辅助驾驶在 2020 年开始获得更多车企和车主的关注，2020 年也被行业内称为智能辅助驾驶的元年。小鹏汽车在 2021 年初推出高速智能导航辅助驾驶方案 (NGP)，理想和长城毫末于 2021 年底推出自动导航辅助驾驶 NOA/NOH 功能。智能化、自动化已经成为汽车行业发展的一个重要方向和增长点，市场呈现百花齐放的态势，有利于推动行业的整体进步。

保障汽车数据安全的同时促进数据的充分利用，是发展自动驾驶汽车产业需要解决的一个重要问题。自动驾驶数据安全法规不断出台，从业企业也在积极搭建数据安全体系、加大数据安全方面的投入和加强数据合规的技术方案建设。

智能网联汽车行业高速发展，涉及的数据量巨大而且种类繁多，不仅包括车与车、车与道路基础设施等互联互通数据，还包括驾驶人、乘车人、车外人员信息，以及车辆的行车轨迹、音频、视频、图像、地理信息数据等。据统计，一辆智能网联汽车每天会产生大约 10TB 的数据①。自动驾驶数据在收集、存储、使用、加工、传输、共享、销毁和流通过程中面临的风险不容忽视。但是对于 L3 级及以上的高级别自动驾驶，数据是构建和迭代优化自动驾

---

① 数据来源：新华网，车联网数据安全开始影响产业发展进程，http://www.xinhuanet.com/tech/2021-07/09/c_1127637056.htm。

驶模型的必需要素，是技术进展的核心决定因素。因此，如何既保障汽车数据安全又促进数据的充分利用，是发展自动驾驶产业需要解决的关键问题。

自动驾驶数据安全问题，已经引起了政府、法律监管部门、标准部门和产业链企业各方的重视。2021 年 7 月 5 日，我国政府多部门联合发布《汽车数据安全管理若干规定(试行)》，明确了汽车相关重要数据的范畴，为汽车领域个人信息保护工作明确了基本原则，提倡汽车制造商在进行汽车数据处理时坚持"车内处理、默认不收集、精度适用、脱敏处理"等原则。2021 年 9 月 1 日，《中华人民共和国数据安全法》正式实施，明确国家数据安全基本制度体系,强调了加强重要数据的安全保护;2021 年 11 月,《中华人民共和国个人信息保护法》正式实施，对个人信息的内涵、外延以及保护要求、方法、机制进一步提出了要求。两部法律相辅相成，为汽车数据的合理开发和利用提供了顶层依据。

4.7.2　趋势预测

"十四五"期间将是国内自动驾驶行业市场发展的关键时期。人工智能、5G、大数据等新兴信息通信技术将驱动汽车产业的加速变革，推动汽车电动化、网联化和智能化融合发展，自动驾驶汽车将成为数字经济的重要驱动力，也将有望成为我国工业化和信息化融合的典型领域。随着核心技术瓶颈的突破，自动驾驶汽车将更多地出现在封闭以及开放区域场景，同时城市中将会逐渐普及无人化出租车、公交车以及私家车混行的场景。总体而言，自动驾驶将呈现蓬勃发展的新格局。

(1)车路协同产业潜力巨大，将成为我国顶层设计实践的技术路线。未来基于车路协同的自动驾驶将带动基础设施智能化升级，并具备效率、安全、能源消耗一体化控制和最优化能力。

"车路协同"将有较大可能成为我国自动驾驶发展的主要方向。近些年政府高度重视发展"车路协同"技术产业。通过车联网综合人—车—路—云等要素来保证自动驾驶安全性，未来将有效解决自动驾驶的长尾问题。我国公路里程累计全球最长，应用场景丰富，相比于国外，发展车路协同具有明显优势，能够更好地带动相关产业发展。通过车—路—云—网的互联互通，从封闭区域、半封闭区域到开放道路的大量验证测试，将探索出更多用户体验更优、商业能闭环、更有价值的车与路垂直应用场景。

未来车路协同自动驾驶将进一步带动基础设施智能化升级，加速新一代信息技术在交通运输行业的融合应用。车路协同可以有效地帮助政府实现交通治理，实现城市交通的全域信控优化，降低城市交通拥堵。车路协同与智能交通控制系实现系统协同，可以通过智能化手段实现信号灯的动态配时，最优化路口交通放行策略，有效缓解交通拥堵，提高通行效率。

(2)交通是我国实现"双碳目标"的关键领域，"双碳目标"将引导自动驾驶出行即服务(Mobility as a Service，MaaS)平台加速落地。

2021年，"碳达峰"和"碳中和"被写入政府工作报告。未来，伴随国家城市化进程的推进，千人汽车保有量会持续提升，交通的碳排放占比也将随之进一步升高，交通将成为我国实现"双碳目标"的关键。

"双碳目标"的实现将对自动驾驶行业的发展起到政策引导作用，并推动自动驾驶一站式出行即服务平台的发展。MaaS平台使能用户通过一个终端入口预约或实时发送出行需求，系统通过需求预测、动态规划和实时决策，精准匹配用户需求，自主为用户匹配出共享无人车、自动驾驶小巴、自动驾驶公交车等多车型结合的混合出行方案。通过对车与云之间的智能调度与监控管理，支撑出行方案优化，为运力管理增智赋能，从而提升城市交通运营效率及公共交通分担率。

(3)自动驾驶商业化落地将提升城市智能交通管理能力，智能交通运营商将成为智能交通产业的重要推动者。

自动驾驶商业化落地将日趋成熟。首先，核心部件工艺进步、汽车规模量产能力提升以及车路协同体系下路端智能设备的部署，将大幅降低自动驾驶车端的成本，有利于减少成本因素的制约；其次，自动驾驶已从封闭场景迈向了开放场景，随着算力的提升和算法的迭代优化，自动驾驶将能够在无人卡车、无人物流车、无人出租车等多细分场景中投入使用，更多不同领域的专业化自动驾驶服务商将出现。

通过建设高等级智能道路，利用人工智能、驾驶自动化、网络通信、云计算、大数据、物联网等技术，将实现车、路、云、图(数字底座)等核心要素全面互联互通。构建以车路协同高维数据为重要基础、以通信网络为纽带、以产品服务应用为核心的服务体系，可以实现交通基础设施、交通运输设备和交通运行监控的有机结合，为用户和社会提供立体互联、完备可控、便捷舒适和经济高效的一体化交通运输服务。

自动驾驶汽车和车路协同的普及将带来交通智能化变革，智能交通将成为新基建的重要方向。未来智能交通运营商，将构建一个车—路—人协同的交通网络系统，通过搭建城市智能交通运营平台，聚合产业链资源，整合智能停车、智能信控、车路协同等系统，创新商业服务模式。智能交通运营商是自动驾驶、人工智能等技术发展到一定程度的必然产物，持续性运营将成为智能交通运营商的主要运营模式，将会对城市生活产生深刻影响。

4.8　数　联　网

4.8.1　产业与技术进展

数联网是基于软件定义，通过以数据为中心的开放式软件体系结构和标准化互操作协议，将各种异构数据平台和系统连接起来，在"物理/机器"互联网之上形成的"虚拟/数据"网络[92]。随着互联网及新一代信息技术与应用的蓬勃发展，数据成为基础性战略资源和关键性生产要素。如何在开放、动态、难控的互联网之上实现可信可管可控的数据互联互通和智能应用，成为大数据及数字经济和数字社会产业链、价值链和生态系统的世界级难题，带来了变革性的技术与产业创新机遇。现有学术界和产业界的解决方案，如数据中台、联邦学习、共享交换平台、区块链等，基本思路都是在互联网之上搭建一套软件平台，采用统一协议对数据进行可信管控，平台内部各参与方的数据可以实现互联互通，然而不同平台之间仍旧存在数据难理解、难访问、难管控等问题，形成了一个个更大的孤岛，无法实现真正意义上多主体、异构系统之间的数据互联互通[93]。究其本质，现有以机器和设备为中心的互联网协议栈及技术架构不再适用好用，亟须建立以数据为中心的数联网协议栈及技术架构，推动基于互联网的网络空间向基于数联网的数字空间进行数字化转型。

(1)国内外均已开展数联网概念和相关技术的探索及应用实践。

当前最有影响力的数联网技术路线是互联网发明人、图灵奖得主 Robert Kahn 提出的数字对象架构(Digital Object Architecture，DOA)。继 1970 年代发明机器互联互通的 TCP/IP 协议之后，Robert Kahn 在 2006 年提出了数字对象(Digital Object，DO)和 DOA 的概念，并于 2010 年正式提出数据互联互通的 DOIP/DO-IRP 协议，2014 年，DONA 基金会成立，开展 DOA 的国际标准化和应用推广。DOA 包括一个基本模型、两个基础协议和三个核心系统。一个基本模型是指数字对象 DO。DO 将互联网中的数据资源通过统一的形式抽象和建模成标识、元数据、数据实体三部分，从而屏蔽了资源的异构性。每个 DO 拥有一个全局唯一且持久的标识，不以 DO 的所有者、存储位置、访问方式的改变而改变，从而支持数据的访问和使用。两个基础协议是指：数字对象接口协议(Digital Object Interface Protocol，DOIP)和数字对象标识解析协议(Digital Object

Identifier Resolution Protocol，DO-IRP)。DOIP 规范了对数字对象的访问和操作。三个核心系统分别是：数字对象仓库系统(The Repository System)，主要负责数字对象实体的封装、存储、访问和销毁；数字对象注册系统(The Registry System)，主要负责数字对象元数据的注册、发布、修改和删除；数字对象标识解析系统(The Identifier/ Resolution System)，主要负责数字对象标识的创建、解析、修改和销毁。DOA 通过将数据抽象为包含标识、元数据和实体等数据三要素的数字对象，并使用数字对象标识解析和接口访问两个基础协议实现数据三要素的创建、获取、更新和删除等，从而实现互联互通。

万维网发明人、图灵奖得主 Tim-Berners Lee 及其领导的 MIT(Massachusetts Institute of Technology)团队继 1990 年代发明互联网之上的文档互联互通协议体系 WWW 之后，于 2015 年成立 W3C 工作组进行社会化链接数据 SOLID 的标准化，重构万维网"中心化数据管控"模式，将用户数据的管控和权属从应用程序中剥离，为应用程序提供用户数据统一访问接口，从而支持去中心化的数据融合应用。美国斯坦福大学 Nick McKeown 院士联合普林斯顿大学和康奈尔大学于 2020 年承担了美国国防部高级研究计划局的 Pronto 重点项目，探索在新一代 5G 技术下建立一个覆盖云、网、边、端的端到端软件定义网络，使能网络层资源全栈可编程、可验证，形成闭环网络控制。图灵奖得主 Michael Stonebraker 于 2022 年提出以数据为中心的操作系统 DBOS，将所有的操作系统状态都统一表示为数据库表，通过 SQL 或其他用户定义函数实现操作系统的各项服务，支持高效管理和使用大规模计算系统所需的处理、存储和网络能力，并支持无缝扩展，解决了当前集群、云计算等复杂操作系统的可伸缩性、异构性、可用性和安全性问题。美国哈佛大学 Jeantine Lunshof 教授于 2014 年在《科学》杂志上发文，提出将健康数据的获取和控制权开放给数据贡献者个人所有，打通个人数据仓库与健康数据使用机构的双向通道，该方案成为 2020 年欧洲数据战略建立共同卫生数据空间的基础准则之一。2014 年《科学》杂志推出全球供应链专辑，系统介绍了美国佐治亚理工大学 Benoit Montreuil 教授提出的物理互联网（Physical Internet）概念，将物理世界的实体封装成数字世界的数据，基于类似于互联网的开放式协议、工具和技术，形成全域、开放及互联互通的物流网络和数据空间。

我国在数联网相关的云计算与大数据、互联网新型结构、软件定义技术、泛在系统软件等领域有众多的研究与实践，特别是在以 DOA 为代表的数联网系统软件方面取得了国际先进的技术成果。北京大学在国内率先开展了数联网方面的研究，于 2014 年提出以数据为中心的互联网资源协同机理，2015 年～2018 年在科技部"中国云三期"863 项目的支持下开展了数据资源的云端和终端自适应协同与调度技术研究。2018 年，北京大学联合清华大学、复旦大学、上海交通大学、南京大学、香港理工大学、中国科学院等国内高校与研究机构，在科技部"云计算与大数据"国家重点研发计划专项的支持下启动了软件定义的数联网架构、技术与系统的研究，提出了基于数字对象的软件定义方法，为人机物融合泛在环境下的数据资源管理提供了

统一抽象，奠定了数联网中国云方案的理论基础；突破了
DO 数据实体高效封装、DO 微服务故障诊断、DO 状态可
信存证和 DO 自然属性可信提取等一系列基于 DOA 的数联
网关键技术，建立了数联网中国云方案的核心技术体系；
面向人机物融合应用场景，研制了数联网中国云方案的原
型系统，并在智慧城市和智能助手等典型领域开展了示范
应用，验证了数联网中国云方案的可行性。同时，与 Robert
Kahn 及其领导的 DOA 团队开展合作，北京大学于 2020
年成立了 DOA 应用技术标准和开发组织全球秘书处，并
牵头成立了 DOIP 标准开发和应用工作组，制定了 DOIP
新版标准，并实现了 DOA 基础协议与核心系统的开源软
件栈，标志着我国初步具备了数联网领域主流技术与标准
的国际话语权。

　　北京大数据先进技术研究院是国内较早开展数联网基
础设施建设和规模化应用研究的单位之一，目前已基于
DOA、大数据和区块链等开源技术，研制了一体化大数据
互操作系统，实现了标识、元数据和实体等数据三要素的
互联互通与可信管控，解决了数据全域寻址、元数据按需
调度和数据使用全网监管等问题。北京邮电大学与中国移
动合作提出了数联网层次体系架构，被纳入中国移动 PB
级数据处理能力的大数据平台体系规范中，成为全球运营
商中规模最大的大数据平台，荣获国际数字化转型世界峰
会"最佳 TMF 资产使用奖"。北京航空航天大学提出数据
活化技术，通过感知、关联和存续等手段，实现海量多源
多模数据的自我认知、自主学习和自动生长，形成了城市
数联网，支撑了智慧城市建设[94]。

(2)数联网正在世界范围内发展成为数字化、智能化时代的一种新型信息基础设施。

美国 2019 年发布了《国防部数字现代化战略》，提出在国防信息系统网络(机器互联网络)之上构造国防信息网络(数据互联网络)，打造一个更加安全、协同、无缝、透明和成本高效的信息技术体系，该体系可以将数据转化为可用于行动的信息，能够确保在持续网络威胁情况下的可靠执行任务能力，为美军从网络中心战向数据中心战的转型提供了支撑。2020 年发布了《国防部数据战略》白皮书，通过体系架构、标准、数据治理、人才和文化建设，面向联合全域作战、高级领导决策支持和业务分析三大重点领域，完成数据可见、数据可访问、数据易于理解、数据可链接、数据可信任、数据可互操作及数据安全七大目标。2020 年 2 月，欧盟发布了《欧洲数据战略》，提出建立一个面向世界开放的真正的共同数据空间，在欧盟内建立数据共享体系，包括数据共享标准、工具和最佳实践，提高数据可用性、质量和互操作性，最终将在战略部门和公共利益领域建立九个共同欧洲数据空间[95]。2021 年，欧盟发布了《欧洲地平线数字空间工作框架》，为欧洲公共数据空间中的数据共享领域提供资金支持，目的是研发合规、隐私保护、绿色和负责任的数据操作与管理技术和解决方案，研究数据交易、货币化、交换和互操作性技术和解决方案。

2020 年 4 月，《中共中央国务院关于构建更加完善的要素市场化配置体制机制的意见》，首次明确将数据列为生产要素，并明确提出"要加快培育数据要素市场"[96]。2021 年 12 月发布的《"十四五"国家信息化规划》明确提出"建设泛在智联的数字基础设施体系，全方位推动基础设施能力提升"，并提出"建立高效利用的数据要素资源体系，提升数据要素赋能作用，形成强大国内市场，推动构建新发展格局"、"聚焦数据管理、共享开放、数据应用、授权许可、安全和隐私保护和风险管控等，探索多主体协同治理机制"的任务和要求[97]。2016 年～2025 年我国数据要素市场规模如图 4.13 所示。

图 4.13　2016 年～2025 年我国数据要素市场规模(单位：亿元)①

(3)数联网已在多个领域开展全球性、行业性和规模化应用实践。

数字图书馆领域的 DOI 系统是基于 DOA 实现的最早且最具代表性的全球化规模性数联网应用。该系统将书籍、论文、报告和视频等数字资源构建为数字对象，并分配唯

---

① 数据来源：国家工业信息安全发展研究中心，《中国数据要素市场发展报告 2020-2021》，http://www.cics-cert.org.cn/web_root/webpage/articlecontent_101006_ 1387711511098560514.html，2022。

一旦持久的 DOI 标识。任意一个集成了 DOI 系统的应用，都可以通过 DOI 标识解析到对应的资源实体，避免了常见的 URL 失效导致的资源不可访问问题。目前，集成了 DOI 的应用遍布全球数十个国家，截至 2021 年 12 月，已注册了约 2.75 亿数字对象[1]，覆盖了 IEEE、ACM、Springer 以及万方、知网等众多国内外学术数据库。

在金融领域，国际编码机构协会成立衍生品服务局 (DBS)推出了基于 DOA 的衍生品交易记录管理发现系统，该系统用于从经纪业务公司获取有关衍生品交易的信息，并创建可由授权方近实时地在全球访问的数字对象。DBS 为场外衍生品自动生成国际证券识别码(ISIN)，通过解析 ISIN 实现场外衍生品在全球范围内的持久化访问。该系统在欧盟得到广泛应用，截至 2021 年 12 月，DBS 已在全球 600 多家公司拥有超过 4100 名用户，注册了 72249385 个 ISIN[2]。

在工业领域，工信部从 2018 年开始建设兼容 DOA 的国家工业互联网标识解析系统，解决了目前制造业企业的标识编码规则和标识数据模型不统一带来的信息孤岛问题，实现了跨企业、跨行业和跨地域的信息资源集成共享。自 2018 年以来，工业互联网标识注册量呈指数增长，中国

---

① 数据来源: Key Facts on Digital Object Identifier System, https://www.doi.org/factsheets/DOIKeyFacts.html，2021。

② 数据来源：Derivatives Service Bureau wins 'Best Standards Solution for Data Management' at the Data Management Insight Awards 2021, https://www.anna-dsb.com/2021/12/08/derivatives-service-bureau-wins-best-standards-solution-for-data-management-at-the-data-management-insight-awards-2021/，2022。

图 4.14　我国工业互联网标识注册量(单位：亿)[①~③]

信息通信研究院最新统计数据显示，截至 2022 年 3 月，已建成北京、广州、上海、武汉、重庆五大国家顶级节点，二级节点数已达 180 个，覆盖 27 个省(区、市)、34 个行业，接入企业节点数超过 9 万家，标识注册总量超千亿，日解析量超过 9000 万次，激发了创新应用，促进了工业智能转型，为我国工业互联网的可持续发展提供支撑和保障。

4.8.2　趋势预测

(1)数联网作为数字化、智能化时代的新型信息基础设施，将形成一套完整的数联网基础软件理论、系统软件架构和关键技术体系。

① 数据来源：腾讯网，《注册总量破千亿！工业互联网标识喜迎阶段性成果》，2022。

② 数据来源：新华网，《工业互联网标识注册量超 200 亿后，未来这么做》，http://www.xinhuanet.com/info/2021-06/01/c_139968338.htm，2022。

③ 数据来源：央视网，《工业互联网创新发展成效报告发布：建成"5G+工业互联网"项目 1600 个》，2022。

数联网本质上是构建在"物理/机器"互联网之上的"虚拟/数据"网络,其技术制高点是以数据为中心的新型分布式系统软件及标准化协议,系统软件理论与技术在问题空间、系统形态、运行支撑和质量保障等四个方面将发生重大转变:问题空间从"面向机器间的信息通信处理的广域信息网络空间"转变为"面向数据间的高效安全互联互通的全域数字网络空间",从而导致传统的系统软件理论和模型难以直接有效地被使用;系统形态从"计算作为唯一主体与数据紧耦合"到"计算和数据均为一阶实体且可按需分离"转变,从而导致传统侧重功能的软件系统抽象和架构需要加以变革和完善;运行支撑从"以计算为核心来处理数据资源"转变为"以数据为核心来按需组织计算、存储、网络等各类资源",从而需要更加动态、柔性和灵活的资源管理和调度机制;质量保障从"以信息提供者事先规约的功能正确性为主要指导原则"转变为"以数据使用者按需定制的数据全生命周期可见、可用和可信等多目标综合优化为指导原则",从而需要全新的软件系统质量度量分析方法及保障机制。相应地,将形成一套完整的数联网基础软件理论、系统软件架构和关键技术体系:明确数联网软件的基本性质、结构组成、运行机理和演化规律,建立数联网软件基本模型与系统架构,构建数联网软件可信可管可控的运行机制与支撑环境;形成数联网系统软件的关键技术体系,包括全域资源管理方法和可靠性保障技术,实现数据传存算过程的全网全栈资源的配置和动态智能调度,全生命周期安全保障体系与关键技术,实现基于系统证据分析的高性能、低成本监控。

(2)数联网应用实践将在做优做强做大场景创新的同时，在不同行业和区域开展基础设施建设，支撑超大规模、海量主体和可管可控数字对象互联互通与智能应用。

从互联网发展历史看，数联网仍处于发展的早期，在开展各种创新应用探索的同时，需要开始探索基础设施的建设和运营。在 Robert Kahn 的倡议和推动下，我国工信部下属的国家工业信息安全发展研究中心于 2014 年开始参与数字对象架构开放基金会的创建，与多国平等共建 DOA 全球节点并开始运营服务，支撑着数字图书馆 DOI 系统、中国工业互联网标识解析系统等大量全球性和地域性的创新应用。依托国家和省部级科技计划，一批行业级和区域级数联网基础设施正在开展建设工作。例如，北京大学牵头的面向药品现代化监管的智能服务平台研发项目，针对临床试验规范化管理、药物研发信息追溯和药物全生命周期管理等应用需求，在临床研究机构、药品研发企业和监管部门之间搭建数联网基础设施，将覆盖上千家临床研究机构；中国人民大学牵头的面向城市智能服务的数据治理体系与共享平台研发项目，针对跨区域、跨行业政务服务协同需求，在长三角地区构建跨城市的数联网基础设施，实现 PB 级数字对象实体总量的互联互通。这些数联网基础设施的建设，将促进形成泛在、互信、共用和共治的网络数字空间，支持国家大数据战略，构建以我为主、国内国际双循环的大数据产业链、价值链和生态系统。

(3)数联网技术标准制定和基础软件开源将成为生态建设的制高点，相关领域人才培养和创新团队建设将成为重要手段。

回顾互联网发展历史，标准是互联网成为全球信息基础设施的基石，开源推动着互联网应用不断创新和繁荣，数联网技术标准制定与基础软件开源将成为战略制高点。自 2014 年 Robert Kahn 在瑞士日内瓦成立 DONA 组织，开始推广 DOA 标准和开源软件以来，数联网的国际竞争态势已初步显现。2017 年 DOA 应用技术标准和开发组织在香港的成立，加快了标准制定和技术应用的步伐。我国已经在以 DOA 为代表的数联网系统软件和应用实践等方面形成了国际先进的成果及产、学、研、用协同创新团队，亟须开展相关领域人才培养和创新团队建设，进一步完善数联网理论、技术与标准体系建设，推动数联网健康持续发展。

4.9　人 机 融 合

4.9.1　产业与技术进展

人机融合探究的是人与机器系统之间的交互机制和规律，是以人与机器系统的有效协同为目标的理论和技术的统称。人机融合包括人与系统的关系问题、人与系统交互相关的技术问题，以及由人与系统交互而产生的社会伦理道德、法律标准等问题。在人机融合的计算机应用技术层面，以往主要集中在人机交互技术、人机界面设计、计算机支持的协同工作、人机协同作业分配和用户体验等人机交互、人类因素工程心理学和设计学等与人机界面和人相关的领域，属于广义上的“以人为中心的设计”的一部分，但随着近些年来大数据与智能技术的发展，出现了信息茧房、算法透明性与可解释性、智能系统中人机决策权争夺等问题。人机融合的问题扩展到大数据、智能推荐、人—机器人交互等与计算、数据和机器人相关的技术领域，比如以人为中心的计算(Human Centered Computing)[98]、人—智能体交互(Human-Agent Interaction)等问题引起了重视[99]。人机融合在作战套装、AI 虚拟主播、影视制作、实时动画、仿真训练和系统运行监控等行业应用方面取得了快速的发展。我国人机融合在虚拟主播、企业代言人、咨询、客服、教育、训练等民用商业领域取得了快速的发展，涌现出了百度智能云曦灵、中科深智和硅基智能等企业及广泛的应用场景[100-102]。但对人机共生交互(Symbiotic Interaction) [103]、混合智能(Hybrid Intelligence)[104]等人机和谐融合交互的基础理论和配套技术，以及人机融合的体验、对人与社会的影响、伦理学等问题的关注度还不够[105]。

　　从维度区分，人机融合主要包括人机身体融合、行为融合、智能融合、脑机融合以及人机与环境融合等。

　　人机身体融合早期主要应用于躯体残缺人士的假肢制作方面[106]。近年来开始应用于增强人体力量和耐受能力的动力装甲或动力外骨骼，以及真实人体与虚拟人体的互动控制等领域。借助于人的控制力和远强于人机体本身的机能来实现更快的运动速度、移动更重的物体、承受更严苛的环境等。例如，美国 Revision Military 公司研发的"动力作业套装"(Kinetic Operations Suit，KOS)，可在不附加过多负担的情况下，使能单兵获得三倍的盔甲保护的能力。在动力作业套装项目中止后，美国军方和洛克希德·马丁公司继续探索相关的技术与解决方案，提出了"第三胳膊"

和 ONYX 动力装甲方案。俄罗斯国防部在 2018 年公开了其第三代基于外骨骼技术的未来士兵作战套装[107]，其瞄准系统能够将士兵的射击任务简化为将平显头盔中的目标点与实际目标物简单匹配，其增强的感知能力甚至可以让射手在不暴露身体的情况下进行盲射。

人机行为融合包括人影响机器、机器影响人和人机协同行为三种模式[108]。人类今天的行为不只是自发的行动或人—人之间的互动，更是在计算机影响和调节下的行为，驾驶行为是驾驶员与汽车中的导航、自动巡航等汽车驾驶辅助系统融合的结果(图 4.15)，社交行为也是社交应用与媒体调节下的混合结果。除了涉及前面提到的动力装甲技术外，人机行动融合还可以通过远程控制或虚实融合的方式实现。例如，人可以通过远程、实时控制机器人完成超出人体机能极限或物理承受极限的任务；人机行动融合也可应用于娱乐、电影人物形象和动作创作以及直播等领域，例如，依托 5G、VR、AR 等技术开办虚拟演唱会和控制虚拟人物的动作与表情。数字孪生是实现对真实物体、生物体或人进行虚拟数字建模和虚实实时同步的方法。例如，风力发电涡轮的数字孪生体可以通过安装在关键部件上的各类传感器，实时地反映风力发电涡轮的情况；在娱乐领域，可通过数字人技术构造真实人物的数字孪生体，配以动作捕捉与模拟、VR、AR 和数字媒体实时通信等技术，可以实现实时演奏的效果，而实时 AR 技术的使用甚至可以将观众融入虚拟演唱现场场景中。

人机智能融合系统通过结合机器智能与人的智能的优势来克服现有人工智能系统的不足[109]，是人工智能的一种

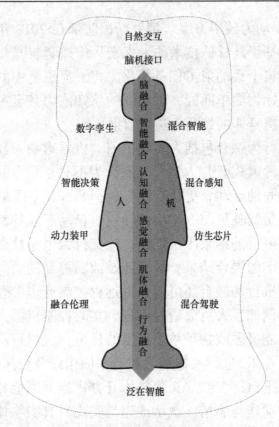

图 4.15　人机融合的框架

演进模式。人机混合智能对于不确定环境下决策有广泛的应用价值,能在一定程度上克服现有机器学习算法的不足[109]。人机混合智能主要有两种形式,一是利用机器智能来辅助人类决策,另一类是用人的智能来训练机器学习模型[110]。人机混合智能可以克服人类或机器的局限性,完成单独由人或机器难以完成的任务,并提高任务完成的能效[111,112]。例如,在 CommPlan 的人—机协同决策的框架中,决策模型的一部分通过学习数据获得,而另一部分则由人手动设定,以准备食物任务进行的实验结果证明，这种人机融合的协同决策在决策时间上显著快于没有人机互动或互动方式仅由开发者根据自己经验设定的方式[113]。

　　脑机接口技术的发展使得其在健康、医疗、游戏和虚拟现实等领域的应用广泛开来，突破了传统的单项脑机交互模式。基于脑机接口相关技术的脑机混合，可通过生物脑与计算机之间直接的、双向的输入与输出交流，以及利用机器学习等技术对大脑神经元信号和活动进行间接地学习和预测，分析人的认知与情绪状态，从而使得机器行为能根据人的状态进行自适应调整，实现生物脑智能与计算机智能之间和谐共生[114]。脑机接口技术可以分为侵入式、半侵入式和非侵入式三种[115]，其中基于头皮脑电技术的非侵入式无创接口在产业中应用最广泛[116]。总体来看，目前，脑机接口技术主要应用于脑科学、心理学等科学研究领域，以及在临床诊断评估和康复调节治疗等医疗健康领域。传统的脑机交互模式主要是单向的脑—控制和脑—响应，例如，通过脑控机械完成取物、进食和控制轮椅运动等动作，实现对失能者的机能重建[114]，以及通过脑的活动状态来识别睡眠程度等。从人机交互的角度，脑机之间双向学习与控制的闭环交互对实现脑机融合智能至关重要[117]。例如，Neuralink 等公司在探索如何结合脑机接口、人工智能和神经网络技术实现脑与计算机的融合智能问题[118]。国防科技大学融合脑机接口和人工智能技术设计了一种面向班组作战的人机混合智能头盔系统，能借助人在回路的态势理解和人机混合智能决策等提高作战效率[119]。

　　近年来，人机交互技术的发展与进步也促进了人—机—

环境之间的融合，使得人类所处的环境能够与人类以一种自适应的、可进化的、非侵入的、低负荷的、自然的甚至是主动的方式进行交互，形成了环境智能或泛在智能 (Ambient Intelligence，AmI)[120]。环境智能的概念最早由欧盟委员会信息社会技术咨询组 (European Commission's Information Society Technologies Advisory Group，ISTAG) 提出，被视为人工智能发展的新阶段[121]，也是普适计算的新形态。情境感知与自然交互技术是环境智能领域的两个重要子领域。在感知技术子领域，为了更精确地进行感知与自适应，日本、韩国与欧盟等开发了分布式网络与感知技术。例如，欧盟的可感知空间提升老年独立性项目，通过开发开放的标准技术平台，为老年人群建立了范围广泛的环境感知生活辅助服务[122]。在推理技术领域，涉及感知数据的建模，活动的识别、预测和决策，空间与时间的推理和执行等。自动驾驶汽车系统是环境智能领域相关技术发展的集中体现，通过对环境的自动感知、理解和执行，实现不同级别的自动驾驶。

　　人机融合的目标是有效协同。在人与系统的协同过程中，系统透明度、人对机器的信任程度和人机之间的认知一致性程度决定了有效协同的程度。研究表明，人员的绩效、信任和感知可用性往往随着系统透明度水平的增加而增加[123,124]。而随着人工智能和自主系统技术的发展，自主系统向人传递意图的有效性的评估问题日益突出。比如自动驾驶中，高度自主化的汽车需要具备足够高的系统透明度，能够使得用户明确汽车在不同状态下会产生的动作和意图[123]。当面对同样的交通情况时，如果人与机器之间出现认知不一致，无人驾驶汽车和人类驾驶员/行人之间可能会发生人与机器之间的误解而产生严重后果。

自主系统是人机融合研究的一个重要方向。在执行任务的状态中，自主系统可以根据任务需求，自主完成"感知—判断—决策—行动"的动态过程闭环。例如，科研人员已经开始研究额外的机器手指对大脑神经系统的影响[125]。为健全人佩戴额外的机器第六手指且经过训练后，机器的第六指在认知负荷增加的情况下依然能够很好地与人体的五根手指协作。这证明了人脑不仅能够通过人机融合的方式来控制外部设备，而且能够在多任务处理等苛刻条件下进行应对和适应。但是另一方面，研究表明第六手指影响了手部运动在大脑中的神经表征，可见人机融合也可能对身体的表现和运动控制的一些方面产生直接影响。所以人机融合为我们开辟了探索其他众多未来应用的可能性，例如，可以为人配备不同类型的多余机器装备进行协同和控制外部设备，也可以为人装配更加智能化的机器装备从而更高效地执行更符合人意图的工作。但这方面也还需要大量的理论分析和实验验证，以对安全性和社会伦理等的影响进行分析评估。

人与机器的关系在不断地融合变化。之前的人机交互模式被不断地完善，完善的方式可能是完全的推翻，重新建立起更加符合认知和技术发展需求的新模式。如何将人工智能、自主系统融入人与系统的方方面面、如何让人与系统的关系和交互更加适应智能的发展，还需要继续探索。

4.9.2　趋势预测

社会需求是驱动人机融合系统工程发展的原动力。随着通信、计算机和人工智能等新技术和新方法的综合应用，人机系统工程的应用必将不断深化。决策支持、共享态势、人机系统信任、任务规划和人机对话等应用将进一步发展成熟。人与机器系统的关系在不断地融合，科学家们在努力构建人机融合智能这种能够利用两方面优势的智能体。当前的人机交互系统研究中，更要考虑环境的作用。环境是人机产生交互作用的前提和场所。人机环境系统工程的研究对象是三者之间的相互作用关系，研究的目的是达到人机环境系统工程之间的最优结合，使其产生的效果最好。人机环境最优配合的目的最终也是为了整个人机融合智能系统能够健康、平稳、高效地运行。

情景感知和认知计算的不断发展，将推动人类生产生活的改变，拓宽人类的身体能力范围和认知边界。目前市场上可穿戴产品的种类日益繁多，并且情景感知和认知计算的技术也日益发展。在此背景下，人与机器之间的不断的交互作用，使得技术以及机器对人类生产生活的价值越来越明显。计算机的强大算力和机械强大的重复与力量输出能力是其最大的优势。机器与人携手并肩工作的一个优势是可以互相配合、取长补短。下面两个方向将是人与机器智能协同发展的必不可少的基础：一是机器更加理解人类及其所处的环境。机器对人的这种理解可以使得机器与人之间的交流变得更加自然且高效。例如，社交媒体或者电子商务平台上的虚拟客服，能够使用自然语言回答用户所提出的一些基本问题；二是人对机器的信任度不断提高。

自主系统认知能力的提升会给人类提供更合理的决策建议，会逐渐深化人对机器的信任程度。例如，MIT 研发的 Kismet 是目前世界上第一个能够通过视觉和听觉传感器感知(分析处理)人类感情的机器人，并用面部表情做出回应。

人与自主系统之间共享感知态势将赋能人机融合系统的应用，并增加人机融合智能的深度与广度[126]。随着机器或系统自主能力的提高，其获取周围环境态势的能力以及所能执行的功能都将越来越强，系统中的人也需要对机器所做出的决策行为进行深度理解，这样才能保证人对机器的信任。未来的人机融合系统，需要有特殊的接口保证人与机器之间进行交互，即可以实现人与机器之间态势感知的共享。同时，人与自主系统之间同样要建立双向的共享态势感知途径。共享态势感知是协同行动的关键。人机融合系统中，如果机器因为周围环境信息获取不足，而出现了一些决策失误，便会损害人对自主系统的信任[127]。由于人与自主系统对周围环境态势感知水平的不同以及对任务目标理解的不同，人与自主系统的态势感知的共享可增加互信程度。例如，在智能运维方面，腾讯公司结合运维人员的业务经验，让机器来学习人工经验，实现智能化异常检测。

自主系统感知和学习能力的进步将为人机融合系统带来新契机。感知能力的进一步提升是促进机器自主性提高的关键，将促进人机融合智能的发展[128]。根据感知能力的目标不同，可以将机器的自主感知能力分为导航、任务、系统健康与操作感知四类。任务感知能力可以支持对任务的具体规划和可行性评估等。这样就可以做到：一是在特定情况下机器就能够自主执行一些任务，如秘密地跟踪网络活动，以降低受攻击的可能性；二是主动识别目标的优先级别，降低操作员数据分析的工作量。系统的健康度感知能力主要用于系统的健康管理和故障检测，这一感知能力可在增加对系统的信任度的同时减少工作人员的工作量。操作感知能力将与导航、任务感知能力结合起来共同作用，在一些突发情景下，特别是人无法及时参与时，便可以自主处理。自主系统的感知能力依赖传感器技术的进步与算法的优化，多传感器综合运用可进一步提高态势感知的可靠性。自主系统的学习能力使得其精确性和鲁棒性大大提高，并且可以基于历史数据进行经验学习，以适应不同的环境。在现有多种机器学习技术的支持下，自主系统的学习将能够适应动态非结构化的复杂环境[129]。在学习的过程中，我们会选择性地忽略掉一些无用的信息，在诸多学习对象中寻找其潜在的关系，寻求特征、把握共性与特性和识别因果关系。机器也在逐渐学习这些能力，学会过滤和根据价值取向并做出有目的性的行为。近年来最火的人工智能事件，当属"阿尔法狗"完胜李世石。可即便是碾压人类所有选手的"阿尔法狗"程序，也只是在大量数据的基础上进行学习，从而进行预测和规划。

　　人机融合仍存在伦理、人为操纵与虚假信息、交互方式等亟待解决的问题。一是人机融合的伦理问题。例如，在健康养护领域和植入式芯片领域，对于人的生理、心理、饮食、行动、血型和基因等信息的收集与利用带来了生物黑客(Biohacking)、隐私、数据管理、歧视、公平和告知权等伦理学问题。同样，基于深度学习概念的深度伪造

(DeepFake)应用，如蚂蚁嘿呀、ZAO、Avatarify 等因为涉及技术滥用导致虚假信息泛滥，基于他人的形象深度伪造的虚拟人形象用于视频和实时对话人物，可能会涉及名誉权、肖像权、资产安全甚至是人身安全等问题[130]。二是人为操纵与虚假信息问题。脑机接口、植入式芯片等人机融合技术的使用，虽然可为脑组织和部分脑区功能损伤者提供脑功能代偿，但也使得脑活动更容易受到外部的操控，而影响人的决策与行为；人工感受器、VR 和 AR 等技术可以增强人的感受能力，提供人本身的感受器所感觉不到的信息，但也容易带来感觉过载(Sensory Overload)与虚实混淆的问题[131]；融合可及性，过于依赖新技术实现人机融合可能会将对技术不熟悉或在财力上无力承担新技术的人群排除在人机融合的受益人群之外。三是人机融合的交互方式问题。传统的交互方式存在干扰、侵入和信息过载等高认知负荷要求的问题[131,132]，而基于人工智能的自动干预技术则存在隐私、人位于交互闭环外和任务接管等问题[118]。要实现人机的和谐融合需要探索不同于传统的人机交互方式，也需要区别于人与 AI 系统的交互方式，一些特有的交互方式(如隐式交互[133]、边缘交互[134]、安静计算[135]、无意识计算[136]、情境感知[137]、环境智能[138]、共生交互[103]等)和技术为解决上述问题、实现人机自然融合的愿景，提供了潜在的技术实现和解决方案[106]。

第5章 年度热词

热词1：元宇宙

基本定义：据维基百科定义，元宇宙是在 3D 虚拟世界中构建社会关系与连接的网络[139]。其英文为"Metaverse"，汉译元宇宙中的"元"对应"Meta"，"宇宙"对应"Universe"。

元宇宙尚处于初步发展阶段。2021 年 3 月，元宇宙概念相关公司 Roblox 在纽约证券交易所上市；同年 8 月，美国英伟达公司宣布为元宇宙提供基础模拟和协作计算平台；同月，字节跳动公司收购虚拟现实公司 Pico；同年 10 月，美国脸书公司宣布更名为 Meta。元宇宙在各头部科技企业的推动下成为科技热点，受到了各国政府的广泛关注。韩国于 2021 年 7 月发布"数字新政 2.0"，将元宇宙列为发展 5G 产业的重点项目。同月，日本经济主管部门发布虚拟行业的调查报告并且完善法律和发展路径。同时，元宇宙概念在我国也逐渐受到关注。

就元宇宙的内涵而言，各界对于元宇宙的定义和理解尚未形成统一标准。这来源于看待元宇宙视角不同，例如，有观点认为元宇宙是一个与现实世界平行、又独立于现实世界且提供沉浸式体验的虚拟空间[140]。Meta 公司创始人扎克伯格认为元宇宙是通过融合虚拟现实技术，用专属的硬件设备打造的一个沉浸式社交平台；中国工程院谭建荣院士认为元宇宙将成为平行现实世界的第二空间。也有观点提出元宇宙是虚实融合的世界，例如，中国工程院邬贺铨院士认为元宇宙是现实世界与虚拟世界的融合，涉及数字孪生、数字原生以及虚拟共生等技术。

就元宇宙的特征而言，首先，元宇宙具有沉浸式体验、低延迟和拟真感的特征，让用户具有身临其境的感官体验；其次，元宇宙具有虚拟化分身的特征，即现实世界的用户在数字世界中拥有一个或多个身份；再次，元宇宙具有社交属性特征，即提供互动、共享、参与的线上社交体验；最后，元宇宙是一个安全、稳定、有序的经济运行系统。

就元宇宙相关技术而言，是由数字孪生、扩展现实、区块链、人工智能等新一代信息技术融合发展而来[141]。元宇宙基于数字孪生技术生成现实世界镜像，基于扩展现实技术提供沉浸式体验，基于区块链技术搭建数据交换溯源和经济体系[142]，基于机器视觉、自然语言处理等人工智能技术支撑高质量内容的高效生产，将虚拟世界与现实世界在经济、社交、身份等方面密切交互，允许用户生产和编辑个性化内容。

热词 2：鸿蒙操作系统

基本定义：鸿蒙操作系统(HarmonyOS)是我国自主研发的智能终端操作系统，为不同设备的智能化、互联与协同提供统一的语言，带来简捷、流畅、连续、安全可靠的全场景交互体验[143]。2012 年，华为公司开始规划系统的研发工作；2019 年 8 月，鸿蒙操作系统 1.0 版本发布；华为公司分别于 2020 年、2021 年将鸿蒙系统 L0 到 L2 层面的代码捐献给开放原子开源基金会，形成了开源鸿蒙(OpenHarmony)项目。2020 年 9 月，鸿蒙操作系统 2.0 版本发布，为开发者提供了完整的分布式设备与应用开发生态；2022 年 1 月，华为公司发布鸿蒙操作系统服务开放平台。据华为公司统计，截至 2022 年 1 月 3 日，搭载鸿蒙操作系统的设备数量已超过 2.2 亿台[144]。

鸿蒙操作系统具有四大技术特点：

(1)采用分布式架构，实现跨手机、手表、汽车、智能音响等终端的无缝协同体验和灵活适配；

(2)基于确定时延引擎提升了现有智能终端操作系统的性能和用户体验；

(3)基于微内核架构保障了终端设备可信安全；

(4)支持一次开发和多端部署，实现了跨终端生态共享。

应用水平：伴随鸿蒙操作系统的开源以及场景生态的构建，我国不同行业的设备厂商面向领域应用推出了基于 OpenHarmony 的下游操作系统。2021 年 10 月，美的公司针对家电产品推出了物联网操作系统；2021 年 11 月，科通公司针对新能源汽车及工业电力系统应用场景中推出了智能电池管理系统；2021 年 12 月，润和软件面向物联网终端设备发布了 HiHopeOS 操作系统。除了为用户提供万物智联体验，鸿蒙生态建设的意义从长远角度来看，能助力传统企业数字化、智能化转型，为解决我国"卡脖子"关键核心技术瓶颈提供支撑。

热词 3：《个人信息保护法》

随着个人信息日益网络化、数字化，并深入融合到经济社会中，一些企业、机构甚至个人，从商业利益等出发，随意收集、违法获取、过度使用、非法买卖个人信息，利用个人信息侵扰人民群众生活安宁、危害人民群众生命健康和财产安全等问题十分突出。个人信息保护已成为广大人民群众最关心的利益问题之一。第十三届全国人大常委会第三十次会议于 2021 年 8 月 20 日审议通过了《中华人民共和国个人信息保护法》,并自 2021 年 11 月 1 日起施行。《个人信息保护法》的出台,进一步加强了个人信息保护法制保障,维护了网络空间良好生态,促进了数字经济健康发展[145]。

热词 4:《数据安全法》

数据属于国家基础性战略资源。随着信息技术和人类生产生活交汇融合,各类数据迅猛增长、海量聚集,对经济发展、社会治理、人民生活都产生了重大而深刻的影响。数据安全已成为事关国家安全与经济社会发展的重大问题,非常有必要制定一部数据安全领域的基础性法律。为此,第十三届全国人大常委会第二十九次会议于 2021 年 6 月 10 日审议通过了《中华人民共和国数据安全法》,并自 2021 年 9 月 1 日起施行。《数据安全法》的出台,有力地提升了国家数据安全保障能力,为有效应对数据这一非传统领域的国家安全风险与挑战,切实维护国家主权、安全和发展利益提供法律保障;同时,还有利于维护公民、组织的合法权益;有利于发挥数据的基础资源作用保障数字经济健康发展;有利于推进和保障政务数据资源开放和开发利用[146]。

第6章 领域指标

类别	序号	指标	中国	全球
产业类	1	智能制造市场规模	3.3 万亿元[①] (2022)	1.5 万亿美元[②] (2022)
	2	智慧医疗市场规模	1166 亿元[③] (2019)	432 亿美元[④] (2019)
	3	智慧教育市场规模	9057 亿元[⑤] (2021)	6 万亿美元[⑥] (2022)
	4	电子商务交易额	2.8 万亿美元[⑦] (2021)	4.89 万亿美元[⑧] (2021)
	5	自动驾驶市场规模	71 亿美元[⑨] (2025)	预计 594 亿美元[⑩] (2026)

① 数据来源：前瞻产业研究院。
② 数据来源：前瞻产业研究院。
③ 数据来源：中商产业研究院。
④ 数据来源：日商环球讯息有限公司。
⑤ 数据来源：中商产业研究院。
⑥ 数据来源：亿欧数据统计。
⑦ 数据来源：eMarketer 数据。
⑧ 数据来源：eMarketer 数据。
⑨ 数据来源：摩根大通。
⑩ 数据来源：前瞻产业研究院。

续表

类别	序号	指标	中国	全球
发展类	1	智能制造行业产值规模年复合增长率	约15%[1] (2021年~2026年)	10.5%[2] (2021年~2025年)
	2	远程医疗市场规模年复合增长率	26%左右[3] (2018年~2022年)	19.1%[4] (2019年~2024年)
	3	智慧教育市场规模年复合增长率	12.8%[5] (2016年~2021年)	18.82%[6] (2021年~2025年)
	4	无人驾驶市场规模年复合增长率	33%[7] (2019年~2025年)	16.8%[8] (2021年~2026年)

　　市场规模是指某一产业的经营规模，其主要研究目标项的整体规模，反映目标项在指定时间内的产值；年复合增长率(CAGR)能够更准确地反映目标项在一定时期内的增长速度。

作者：费爱国　李伯虎　李兰娟
赵春江　王庆国　邢　飞

① 数据来源：摩根大通。
② 数据来源：RendForce 集邦咨询。
③ 数据来源：易观分析。
④ 数据来源：日商环球讯息有限公司。
⑤ 数据来源：中商产业研究院预测。
⑥ 数据来源：日商环球讯息有限公司。
⑦ 数据来源：摩根大通。
⑧ 数据来源：前瞻产业研究院。

参 考 文 献

[1] 中国移动通信有限公司研究院. 数字孪生技术应用白皮书(2021). http://cmri.chinamobile.com/wp-content/uploads/2021/12/%E3%80%8A%E6%95%B0%E5%AD%97%E5%AD%AA%E7%94%9F%E6%8A%80%E6%9C%AF%E5%BA%94%E7%94%A8%E7%99%BD%E7%9A%AE%E4%B9%A6%E3%80%8B.pdf, 2021.

[2] 中曾根和平研究所. 数字化转型和太空领域的军事活动. 2021.

[3] 中国互联网络信息中心. 第 49 次《中国互联网络发展状况统计报告》. 2022.

[4] 李伯虎, 柴旭东, 刘阳, 等. 工业环境下信息通信类技术赋能智能制造研究. 中国工程科学, 2022,24(2):75-85.

[5] 张宏云. 区块链技术在信用体系建设中的应用及对策. 中国信用, 2020, (4):5.

[6] 国务院. "十四五"数字经济发展规划. http://www.gov.cn/zhengce/content/2022-01/12/content_5667817.htm, 2021.

[7] 国务院发展研究中心.王一鸣: 把握数字化转型的创新机遇. https://www.drc.gov.cn/DocView.aspx?chnid=379&leafid=1338&docid=2904532, 2021.

[8] 张楚钰, 李艺潇, 王晟. SCP 分析在科技服务业的应用探索. 科技经济市场, 2018, (1):2.

[9] 陈继文, 杨红娟, 姬帅, 等. 面向新一代智能制造的机械类研究生创新能力培养研究. 高教学刊, 2020, (27):4.

[10] 李伯虎, 柴旭东, 张霖, 等. 面向新型人工智能系统的建模与仿真技术初步研究. 系统仿真学报, 2018,30(2):14.

[11] 李伯虎, 柴旭东, 侯宝存. "新基建"赋能智能+时代工业互联网——工业互联网 2.0. 中国经贸导刊, 2020, (14):4.

[12] 李伯虎, 柴旭东, 张霖, 等. 新一代人工智能技术引领下加快发展智能制造技术、产业与应用. 中国工程科学, 2018,20(4):6.

[13] 周济, 李培根, 周艳红, 等. 走向新一代智能制造. Engineering, 2018, 4(1): 28-47.

[14] 工业和信息化部, 国家发展和改革委员会, 教育部, 等. "十四五"智能制造发展规划. http://www.gov.cn/zhengce/zhengceku/2021-12/28/5664996/files/a22270cdb0504e518a7630fa318dbcd8.pdf, 2021.

[15] 李伯虎, 柴旭东, 侯宝存, 等. 智慧工业互联网. 北京: 清华大学出版社, 2021.

[16] 李伯虎, 柴旭东, 侯宝存, 等. 一种新型工业互联网——智慧工业互联网. 卫星与网络, 2021, (10):8.

[17] 李伯虎, 柴旭东, 侯宝存, 等. 云制造系统3.0———一种"智能+"时代的新智能制造系统. 计算机集成制造系统, 2019, 25(12):2997-3012.

[18] 苏德悦, 邓聪. 推进制造强国网络强国建设 助力全面建成小康社会. 人民邮电, 2021.

[19] "新时代工业和信息化发展"系列发布会开启第一场聚焦"推动制造业高质量发展 夯实实体经济根基". 工业信息安全, 2022, (6):96-105.

[20] 单忠德, 汪俊, 张倩. 批量定制柔性生产的数字化、智能化、网络化制造发展. 物联网学报, 2021, 5(3):1-9.

[21] 陈懿. 工业互联网云平台的大数据实践. 软件和集成电路, 2017, (5):2.

[22] 王慧娴. 2021年上半年中国工业互联网产融合作发展情况分析. 互联网天地, 2021, (8):22-26.

[23] 张平, 牛凯, 田辉, 等. 6G移动通信技术展望. 通信学报, 2019, 40(1):141-148.

[24] 黄韬, 霍如, 刘江, 等. 未来网络发展趋势与展望.中国科学(信息科学), 2019, 49(8): 941-948.

[25] 工业和信息化部. "十四五"信息通信行业发展规划. https://www.miit.gov.cn/zwgk/zcwj/wjfb/tz/art/2021/art_3a0b0c726bd94b7d9b5092770d581c73.html, 2021.

[26] 余晓晖. 发挥数字经济新引擎作用 振作工业运行助力高质量发展 《关于振作工业经济运行 推动工业高质量发展的实施方案》解读. 信息技术与信息化, 2021, (12):1-2.

[27] 智慧的互联工业4.0时代边缘计算让智能更高效. 新潮电子, 2021(2):112-117.

[28] 章昌平, 米加宁, 刘润泽. 以智抗疫:从健康码看城市治理智慧化的"微生态". 广州大学学报(社会科学版), 2021, 20(2):37-46.

[29] 孙玮, 李梦颖. 扫码:可编程城市的数字沟通力. 福建师范大学学报(哲学社会科学版), 2021(6):132-143.

[30] 国务院办公厅电子政务办公室, 中国电子技术标准化研究院, 公安部第一研究所, 等. 个人健康信息码参考模型. 2020.

[31] 广西日报. 广西健康码断网也可用. http://yjj.gxzf.gov.cn/xwdt/zfyw/t11150282.shtml, 2022.

[32] 新华社. 浙江:数字化平台赋能港口疫情防控. http://www.gov.cn/xinwen/ 2021-01/31/content_5583890.htm, 2021.

[33] 李丹丹, 曹世义, 聂绍发, 等. 加强新发传染病哨点监测工作构筑重大疫情第一道防线. 中华疾病控制杂志, 2020, 24(9): 993-996.

[34] 曹剑钊, 郑亚安, 赵奇侠, 等. 5G+物联网冬奥会医疗保障指挥调度平台建设. 中国急救医学, 2021, 41(12): 1081-1086.

[35] 北京市科学技术委员会中关村科技园区管理委员会. 科技冬奥有关情况专场发布会解码科技冬奥. http://zgcgw.beijing.gov.cn/zgc/yw/gzdt/21222482/ index.html, 2022.

[36] Karopoulos G, Hernandez-ramos J L, Kouliaridis V, et al. A survey on digital certificates approaches for the COVID-19 pandemic. IEEE Access, 2021, 9:138003-138025.

[37] 新型冠状病毒肺炎疫情分布. https://2019ncov.chinacdc.cn/2019-nCoV/, 2022.

[38] WHO coronavirus (COVID-19) dashboard. https://covid19.who.int, 2022.

[39] COVID-19 hospitalizations. https://gis.cdc.gov/grasp/COVIDNet/ COVID19_3. html, 2022.

[40] Coronavirus COVID-19 (2019-nCoV). https://www.arcgis.com/apps/dashboards/ bda7594740fd40299423467b48e9ecf6, 2022.

[41] 裴韬, 王席, 宋辞, 等. COVID-19 疫情时空分析与建模研究进展. 地球信息科学学报, 2021, 23(2): 188-210.

[42] Alsunaidi S J, Almuhaideb A M, Ibrahim N M, et al. Applications of big data analytics to control COVID-19 pandemic. Sensors, 2021, 21(7):2282.

[43] 新冠疫情全球预测. http://covid-19.lzu.edu.cn/index.htm.

[44] Zhao Y, Huang J, Zhang L, et al. Is the Omicron variant of SARS-CoV-2 coming to an end?. The Innovation, 2022, 3(3): 100240.

[45] 兰州大学对 11·28 呼伦贝尔市突发新冠肺炎疫情的预测与分析: 新冠疫情全球预测. http://covid-19.lzu.edu.cn/info/1113/2446.htm, 2021.

[46] Sun J, Zheng Y, Liang W, et al. Quantifying the effect of public activity intervention policies on COVID-19 pandemic containment using epidemiologic data from 145 countries. Value in Health, 2022, 25(5): 699-708.

[47] Lewis D. Contact-tracing apps help reduce COVID infections, data suggest. Nature, 2021, 591(7848): 18-19.

[48] Elmokashfi A, Sundnes J, Kvalbein A, et al. Nationwide rollout reveals efficacy of epidemic control through digital contact tracing. Nature Communications,

2021, 12(1):5918.

[49] Ferretti L, Wymant C, Kendall M, et al. Quantifying SARS-CoV-2 transmission suggests epidemic control with digital contact tracing. Science, 2020, 368(6491):b6936.

[50] Lalmuanawma S, Hussain J, Chhakchhuak L. Applications of machine learning and artificial intelligence for Covid-19 (SARS-CoV-2) pandemic: a review. Chaos, Solitons, and Fractals, 2020, 139:110059.

[51] Elkhodr M, Mubin O, Iftikhar Z, et al. Technology, privacy, and user opinions of COVID-19 mobile APPs for contact tracing: systematic search and content analysis. Journal of Medical Internet Research, 2021, 23(2):e23467.

[52] Budd J, Miller B S, Manning E M, et al. Digital technologies in the public-health response to COVID-19. Nature Medicine, 2020, 26(8): 1183-1192.

[53] Akinbi A, Forshaw M, Blinkhorn V. Contact tracing APPs for the COVID-19 pandemic: a systematic literature review of challenges and future directions for neo-liberal societies. Health Information Science and Systems, 2021, 9(1):18.

[54] Zhang C, Xu C, Sharif K, et al. Privacy-preserving contact tracing in 5G-integrated and blockchain-based medical applications. Computer Standards and Interfaces, 2021, 77:103520.

[55] An Y, Lee S, Jung S, et al. Privacy-oriented technique for COVID-19 contact tracing (protect) using homomorphic encryption: design and development study. Journal of Medical Internet Research, 2021, 23(7):e26371.

[56] 国务院办公厅印发关于切实解决老年人运用智能技术困难实施方案的通知(国办发〔2020〕45号). http://www.gov.cn/zhengce/content/2020-11/24/content_5563804.htm?trs=1, 2020.

[57] 工业和信息化部办公厅, 国家发展改革委办公厅. 关于促进云网融合 加快中小城市信息基础设施建设的通知. http://www.gov.cn/zhengce/zhengceku/2022-01/28/content_5670932.htm, 2022.

[58] 上海交通大学人工智能研究院, 上海市卫生和健康发展研究中心, 上海交通大学医学院, 等. 人工智能医疗白皮书. 2019.

[59] 罗兰贝格, 中国信息通信研究院, 百度 AI 产业研究院. 以人为本, 人工智能助力医疗体系科学发展报告. 2019.

[60] Elsevier. Clinician of the future: a 2022 report. https://www.elsevier.com/connect/clinician-of-the-future, 2022.

[61] 健康界. 国家卫健委发文, 5G+医健应用可申请试点. https://www.cn-

healthcare.com/article/20201127/content-546731.html, 2020.

[62] 工业和信息化部办公厅, 国家卫生健康委员会办公厅. 关于公布 5G+医疗健康应用试点项目的通知. https://wap.miit.gov.cn/zwgk/zcwj/wjfb/tz/art/2021/art_fb28832015e1451da43aaed11a3c8026.html, 2021.

[63] 搜狐网. 一个互联网医院样本:宁波云医院五年后再起航. https://www.sohu.com/a/343827889_139908, 2019.

[64] 海纳资讯局. 以智能创新助力 "百万减残" 东软医疗献礼中国脑卒中大会. https://baijiahao.baidu.com/s?id=1699796838687950670, 2021.

[65] 中国医师协会神经内科医师分会脑血管病学组. 急性脑梗死缺血半暗带临床评估和治疗中国专家共识. 中国神经精神疾病杂志, 2021, 47(6):12.

[66] 北医新闻网. 北京大学第三医院国家重点研发计划 "科技冬奥" 助力冬奥医疗保障. http://bynews.bjmu.edu.cn/zhxw/2022/28fb6bc973d74b428bc0c3d094f7ff45.htm, 2022.

[67] 人民日报. 智慧医疗, 让看病更便捷. http://paper.people.com.cn/rmrb/html/2021-05/24/nw.D110000renmrb_20210524_1-18.htm, 2021.

[68] 艾瑞咨询. 中国人工智能+医疗与生命科学行业研究报告, 2021.

[69] 人民日报. 让互联网医院找准发展节奏(人民时评). http://paper.people.com.cn/rmrb/html/2022-01/13/nw.D110000renmrb_20220113_2-05.htm, 2022.

[70] 新华社. 发展迅速!我国互联网医院已达 1600 多家. http://www.xinhuanet.com/health/20210824/57e24952e9954ff7a88eec7ae8138172/c.html, 2021.

[71] 亿欧网. 东软医疗: "国产 CT 一哥" 能否借由 MDaaS 再造 "国产突围" 神话? https://baijiahao.baidu.com/s?id=1704043088169927607, 2021.

[72] 上海市卫生健康委员会. 关于印发上海市 "便捷就医服务" 数字化转型 2.0 工作方案的通知. https://wsjkw.sh.gov.cn/zhgl2/20220128/7aa19db8864a41a39d111039617a49a7.html, 2022.

[73] 北京斗牛士文化传媒. 助力健康中国·国家糖防办携手百度灵医智惠启动医防融合智慧应用示范工程. https://www.donews.com/news/detail/4/3157618.html, 2021.

[74] Chen L E, Cheng S Y, J, Heh S. Chatbot: a question answering system for student//2021 International Conference on Advanced Learning Technologies (ICALT), 2021: 345-346.

[75] Ashok G Harshvardhan S, Eric G. Agent smith: machine teaching for building question answering agents//Proceedings of the AAAI 2022 Spring Symposium on Machine Learning and Knowledge Engineering for Hybrid Intelligence, 2022.

[76] 唐鸣. 智慧教育引领下的职业教育"三教"改革探析. 高等职业教育探索,

2020, 19(4):7.

[77] 赵春江. 智慧农业的发展现状与未来展望. 华南农业大学学报, 2021, 42(6):1-7.

[78] 李道亮, 李震. 无人农场系统分析与发展展望. 农业机械学报, 2020, 51(7):1-12.

[79] 罗锡文. "无人农场"来了! 华农打造智慧农业新模式. 广东科技报, 2020.

[80] 李庆国. 水产养殖精准测控技术突破行业长期困境. 农民日报, 2018.

[81] 媒体浙大. 科学家研制植物可穿戴茎流传感器发现西瓜更爱夜间生长. http://www.news.zju.edu.cn/2021/0324/c775a2270777/page.htm, 2021.

[82] 铁铮. 新技术检测水果快速无损. 中国绿色时报, 2004.

[83] 赵秀美, 周生, 俞燕, 等. 禽病远程网络诊断技术云平台的架构与展望. 中国家禽, 2021, 43(2):112-115.

[84] 李道亮. 系统布局无人机农场推进我国现代农业发展. 学术前沿, 2020, 24: 1-7.

[85] 佚名. 北京金福艺农农业科技示范园. 北京农业, 2015, (13):46-47.

[86] 吴炳方, 张淼, 曾红伟, 等. 全球农情遥感速报系统 20 年. 遥感学报, 2019, 6: 1053-1063.

[87] 赵春江. 无人农场技术是农业发展必然趋势. https://baijiahao.baidu.com/s?id=1702072045962954885&wfr=spider&for=pc, 2021.

[88] 赵春江. 农业机器人展望//第七届中国机器人峰会暨智能经济人才峰会, http://www.chinarobtop.com/newsinner.php?id=748.2021-08-23/, 2021.

[89] 罗锡文, 廖娟, 胡炼, 等. 我国智能农机的研究进展与无人农场的实践. 华南农业大学学报, 2021, 42(6): 8-17, 5.

[90] 张彦军, 牛曼丽, 刘利永, 等. 中国无人机的产生与发展初探. 农业工程技术, 2020, 40(21): 2.

[91] 国家工业信息安全发展研究中心.自动驾驶数据安全白皮书(2020). 2020.

[92] 黄罡. 数联网: 数字空间基础设施. 中国计算机学会通讯, 2021, 17(12): 8-11.

[93] Huang G, Luo C, Wu K, et al. Software-defined infrastructure for decentralized data lifecycle governance: principled design and open challenges//Proceedings of the IEEE 39th International Conference on Distributed Computing Systems (ICDCS), 2019: 1674-1683.

[94] 熊璋. 数据活化与智慧城市//2014 年中国城市规划年会——大数据与城乡治理自由论坛, 2014.

[95] 郭骁然, 方元欣, 曲东昕. 个人信息保护国际规制比较研究. 信息通信技

术与政策, 2021, (10): 49-55

[96] 中共中央国务院关于构建更加完善的要素市场化配置体制机制的意见. http://www.mofcom.gov.cn/article/b/g/202005/20200502967296.shtml, 2020.

[97] "十四五"国家信息规划. http://www.cac.gov.cn/2021-12/27/c_1642205314 518676.htm?cre=tianyi&mod=wnews&loc=4&r=24&rfunc=99&tj=cxvertical_w ap_wnews&tr=24&wm=8004%3Fp%3D%24word%2F*&vt=4&pos=3, 2021.

[98] Zu Q H, Tang Y, Mladenović V. Human Centered Computing. Berlin: Springer, 2021.

[99] Kohei O, Tomoko Y, Gale M, et al. Examining the factors that make co-watching with agents effective//HAI '21: International Conference on Human-Agent Interaction, Virtual Event, 2021: 354-357.

[100] 中科深智. 行业解决方案. https://www.deepscience.cn/aboutus/, 2022.

[101] 百度智能云. 百度智能云曦灵-智能数字人平台. https://cloud.baidu. com/product/baidudigitalhuman.html, 2022.

[102] 硅基智能. 智慧解决方案. https://www.guiji.ai/, 2022.

[103] Jacucci G, Spagnolli A, Freeman J, et al. Symbiotic interaction: a critical definition and comparison to other human-computer paradigms. Lecture Notes in Computer Science, 2014.

[104] Dellermann D, Ebel P, Söllner M, et al. Hybrid intelligence. Business and Information Systems Engineering, 2019, 5(61): 637-643.

[105] Zheng N N, Liu Z Y, Ren P J, et al. Hybrid-augmented intelligence: collaboration and cognition. Frontiers of Information Technology and Electronic Engineering, 2017, 2(18): 153-179.

[106] Chadwell A, Diment L, Micó-Amigo M. Technology for monitoring everyday prosthesis use: a systematic review. Journal of NeuroEngineering and Rehabilitation, 2020, 17(1): 93.

[107] Defense One. Russia US are in a military exoskeleton race. https://www.defenseone.com/technology/2018/08/russia-us-are-military-ex oskeleton-race/150939/, 2018.

[108] Rahwan I, Cebrian M, Obradovich N, et al. Machine behavior. Nature, 2019, 568:477-486.

[109] Dellermann D, Calma A, Lipusch N, et al. The future of human-AI collaboration: a taxonomy of design knowledge for hybrid Intelligence systems//International Conference on System Sciences (HICSS), Hawaii, 2019.

[110] Ebel P, Sllner M, Leimeister J M, et al. Hybrid intelligence in business networks. Electronic Markets, 2021, 31(2): 313-318.

[111] Döppner D A, Gregory R W, Schoder D, et al. Exploring design principles for human-machine symbiosis: insights from constructing an air transportation logistics artifact//International Conference on Information Systems, 2016.

[112] Gerber A, Derckx P, Döppner D A, et al. Conceptualization of the human-machine symbiosis a literature review//Proceedings of the Annual Hawaii International Conference on System Sciences, 2020: 289-298.

[113] Unhelkar V V, Li S, Shah J A. Decision-making for bidirectional communication in sequential human-robot collaborative tasks//ACM/IEEE International Conference on Human-Robot Interaction, 2020: 329-341.

[114] 吴朝晖. 脑机接口的未来发展趋势. 智能系统学报, 2022, 17(1):1.

[115] Bablani A, Edla D R, Tripathi D, et al. Survey on brain-computer interface: an emerging computational intelligence paradigm. ACM Computing Surveys, 2019, 52(1): 1-32.

[116] 李文新, 胥红来, 黄肖山. 脑机接口技术的应用实践. 人工智能, 2021, (6):11.

[117] Zahedi Z, Kambhampati S. Human-AI symbiosis: a survey of current approaches. Artifical Intelligence, 2021, arXiv 2103.099990V1.

[118] Kulshreshth A, Anand A, Lakanpal A. Neuralink: an Elon Musk start-up achieve symbiosis with artificial intelligence//2019 International Conference on Computing, Communication, and Intelligent Systems (ICCCIS), 2019: 105-109.

[119] 唐景昇, 郭瑞斌, 代维, 等. 基于脑机交互的未来混合智能系统设计与实现. 人工智能, 2021, (6):7.

[120] Dunne R, Morris T, Harper S. A survey of ambient intelligence. ACM Computing Surveys, 2021, 54(4): 1-27.

[121] Ramos C, Augusto J C, Shapiro D. Ambient intelligence: the next step for artificial intelligence. IEEE Intelligent Systems, 2008, 23(2):15-18.

[122] Cook D J, Augusto J C, Jakkula V R. Ambient intelligence: technologies, applications, and opportunities. Pervasive and Mobile Computing, 2009, 5(4):277-298.

[123] Basantis A, Miller M, Doerzaph Z, et al. Assessing alternative approaches for conveying automated vehicle "Intentions". IEEE Transactions on

Human-Machine Systems, 2021, (99):1-10.

[124] Taylor R M. Situational Awareness Rating Technique (SART): The Development of A Tool for Aircrew Systems Design. New York: Routledge, 2017: 111-128.

[125] Kieliba P, Clode D, Maimon-Mor R O, et al. Robotic hand augmentation drives changes in neural body representation. Science Robotics, 2021, 6(54):eabd7935.

[126] 刘伟. 智能与人机融合智能. 指挥信息系统与技术, 2018, (4):1-7.

[127] 刘伟. 追问人工智能: 从剑桥到北京. 北京: 科学出版社, 2019.

[128] Weiss K, Khoshgoftaar T M, Wang D D. A survey of transfer learning. Journal of Big Data, 2016, 3(1):1-40.

[129] Wang K T, Zhang G Z, Shen L C. Study on dynamic function allocation of human supervisory control multi-UAV. Computer Engineering and Applications, 2009, 45(30):245-248.

[130] 机器之心. 韩国人用 deepfake 给总统竞选人做了个数字化身, 在线接受问答. 2022.

[131] Raisamo R, Rakkolainen I, Majaranta P, et al. Human augmentation: past, present and future. International Journal of Human-Computer Studies, 2019, 131:131-143.

[132] Quadrana M, Cremonesi P, Jannach D. Sequence-aware recommender systems. ACM Computing Surveys, 2019, 51(4): 1-36.

[133] Schmidt A. Implicit human computer interaction through context. Personal Technologies, 2000, 4(2):191-199.

[134] Bakker S S, Niemantsverdriet K K. The interaction-attention continuum: considering various levels of human attention in interaction design. International Journal of Design, 2016, 10(2):1-14.

[135] Yu B, Hu J, Mathias F, et al. A model of nature soundscape for calm information display. Interacting with Computers, 2017, (6):6.

[136] Alexander T, Adams J. Mindless computing: designing technologies to subtly influence behavior//Proceedings of the 2015 ACM International Joint Conference on Pervasive and Ubiqutious Compution, 2015.

[137] Qin X, Tan C W, Clemmensen T. Context-awareness and mobile HCI: implications, challenges and opportunities//International Conference on HCI in Business, Government, and Organizations, 2017.

[138] Ham J, Midden C. Ambient persuasive technology needs little cognitive

effort: the differential effects of cognitive load on lighting feedback versus factual feedback//International Conference on Persuasive Technology, 2010.

[139] 维基百科. https://en.wikipedia.org/wiki/Metaverse, 2022.

[140] 王维逸, 李冰婷, 陈相合. 连接虚拟与现实, 下一代互联网前瞻. 2022.

[141] 何思倩, 覃京燕. 从 VR/AR 到元宇宙: 面向 α 世代的沉浸式儿童绘本交互设计研究. 图书馆建设, 2022.

[142] 王儒西, 向安玲. 2020-2021 年元宇宙发展研究报告. 北京:清华大学新媒体研究中心, 2021.

[143] 华为公司. https://consumer.huawei.com/cn/harmonyos/, 2022.

[144] 华为公司. 2021 年 12 月 23 日华为深圳产品发布会, 2022.

[145] 关于《中华人民共和国个人信息保护法(草案)》的说明. http://www. npc. gov.cn/npc/c30834/202108/fbc9ba044c2449c9bc6b6317b94694be.shtml, 2022.

[146] 关于《中华人民共和国数据安全法(草案)》的说明. http://www. npc. gov.cn/npc/c30834/202106/2ecfc806d9f1419ebb03921ae72f217a.shtml, 2021.